Matthias Platzeck
Wir brauchen eine neue Ostpolitik

Matthias Platzeck

Wir brauchen eine neue Ostpolitik

Russland als Partner

Propyläen

Propyläen ist ein Verlag der Ullstein Buchverlage GmbH
www.propylaeen-verlag.de

ISBN: 978-3-549-10014-1

© Ullstein Buchverlage GmbH, Berlin 2020
Gesetzt aus der Scala
Satz: Pinkuin Satz und Datentechnik, Berlin
Druck und Bindearbeiten: GGP Media GmbH, Pößneck

Die ungelösten Fragen der europäischen Stabilität liegen auch nach dem Ende des Ost-West-Konflikts noch immer im Osten. Die Geschichte stellt die Aufgabe, in der Tradition und Kontinuität Brandt'schen Denkens unserem Kontinent ein sicheres Haus zu bauen.

Egon Bahr, 1998

Für Jeanette

Inhalt

Vorwort

»Den Frieden in Europa unzerbrechbar machen« – in diesem knappen Satz fasste Willy Brandt den Kern der Ostpolitik der Siebzigerjahre des vergangenen Jahrhunderts zusammen. Immer noch kann dieser Satz unverändert als Überschrift einer neuen Ostpolitik stehen. Denn auch heute wieder geht es darum, die Gräben zwischen Ost und West quer durch unseren Kontinent zu überwinden, um den Frieden zu wahren.

Das Verhältnis zwischen Russland und dem Westen ist zerrüttet. Das politische Vertrauenskapital ist nahezu vollständig aufgezehrt. Das »Säbelrasseln und Kriegsgeheul« wird lauter, ein neuer Rüstungswettlauf hat begonnen. Die Konfrontation spitzt sich zu. Die Gefahr, dass der neu ausgebrochene Ost-West-Konflikt außer Kontrolle gerät, ist real. Wir müssen uns wieder ernsthaft um den Frieden auf unserem Kontinent sorgen und uns fragen, wie es erneut so weit kommen konnte.

Wie brüchig das Fundament ist, auf dem der Frieden in Europa gründet, hat uns am Ausgang des 20. Jahrhunderts der Krieg im ehemaligen Jugoslawien vor Augen geführt. Und auch gegenwärtig erleben wir einen blutigen militärischen Konflikt im Osten der Ukraine. Gewalt gehört nach dem Ende des Kalten Krieges keineswegs der Vergangenheit an. Die von der Euphorie der frühen Neunzigerjahre getragene Hoffnung auf ein neues Zeitalter immerwährenden Friedens in Europa, wie sie die Charta von Paris festhielt, hat getrogen.

Der Kalte Krieg nahm zu unser aller Glück ein weitgehend friedliches Ende. Er war mit einem Mal vorüber – für die meisten gänzlich unerwartet. In der Sowjetunion hatte ein neuer Präsident einen politischen Wandel angeschoben und damit den Exitus des Vielvölkerreichs eingeläutet. In Osteuropa hatten Bürgerinnen und Bürger aufbegehrt und die Regierenden zu Fall gebracht. Zu einer bewaffneten Auseinandersetzung, für die sich Ost und West jahrzehntelang gerüstet hatten, kam es nicht.

Und doch war die Weltenwende der Jahre 1989 bis 1991 für die Gesellschaften auf der einen Seite des Eisernen Vorhangs eine existenzielle Erfahrung. Das Leben, wie es die Menschen im Osten gekannt hatten – in der Sowjetunion, die mit dem Jahr 1992 einfach verschwand, in den Ländern Osteuropas, in meiner Heimat Ostdeutschland –, dieses Leben gab es von einem auf den anderen Tag nicht mehr. Und durch und durch existenziell war auch die Erfahrung der Menschen, die in Ostdeutschland und in den Ländern Osteuropas den Mut aufbrachten, ihr Schicksal selbst in die Hand zu nehmen. Das Engagement in der Bürgerbewegung bedeutete immer auch persönliches Wagnis, der Protest auf den Straßen Bedrohung für Leib und Leben. Dass es bei den großen Demonstrationen in der DDR zu keinem Blutvergießen kam, dass die Machthaber nicht auf ihr Volk schießen lassen würden, war überhaupt nicht abzusehen. Wir sollten, wenn wir uns heute der »friedlichen Revolution« erinnern, nicht vergessen, dass alles auch ganz anders hätte ausgehen können.

Die großen Umbrüche der Jahre 1989 bis 1991 und ihre Folgen lagen für die allermeisten, die diese Zeit aktiv miterlebten, jenseits aller Vorstellung. In den Gedanken über die Zukunft hatten sie bis dahin keine Rolle gespielt – privat so wenig wie politisch. Auf den Untergang ihrer gewohnten, seit dem Ende des Zweiten Weltkriegs vom Ost-West-Gegensatz bestimmten Welt waren weder die Politiker noch die Bürger vorbereitet. Der Eiserne Vorhang hatte sich geöffnet, die Mauer, das sichtbarste Zeichen der Trennung, war gefallen. Die alte Ordnung, die den europäischen Kontinent gespalten hatte, existierte nicht mehr. Für das neue Zeitalter wurde die Welt nicht neu geordnet. Der Westen vertraute weiter auf seine Bündnisse aus der Ära des Kalten Krieges. Die NATO und die Europäische Union wurden beibehalten und nach Osten erweitert – bis an die Grenzen Russlands. Das gemeinsame Haus, das Michail Gorbatschow den Europäern ans Herz legte, ein Haus, in dem auch Russland seinen Platz hat, blieb eine Idee, die gern zitiert, aber nie mit Leben gefüllt wurde.

Heute liegt die Ordnung auf dem europäischen Kontinent in Scherben – die großen Erwartungen an die Zukunft haben sich nicht erfüllt. Das »Ende der Geschichte«, von dem nach der Zeitenwende die Rede war, ist nicht eingetreten. »Wir lesen ›1989‹ nicht mehr allein als eigentlichen Fluchtpunkt des 20. Jahrhunderts, das nach dem Durchgang durch Diktaturen und Katastrophen an sein glückliches Ende gekommen ist«, sagt heute der Historiker Martin Sabrow, sondern auch »als Beginn neuer Problemlagen« und »als Zäsur im Kontext von Kontinuitäten«.[1] In der Ankündigung zu der von ihm geleiteten Münchner Sicherheitskonferenz fragte Wolfgang Ischinger zum Jahresbeginn 2019: »Und wer sammelt die Scherben auf?«[2] Bleibt uns wirklich nur diese Frage?

Wir sollten uns nicht damit begnügen, das zerschlagene Porzellan zusammenzukehren. Das Ziel eines großen friedlichen Europas, das Willy Brandt und Egon Bahr mit ihrer Ostpolitik verfolgten, dürfen wir nicht aufgeben – es bleibt aller politischen Mühe wert. Das europäische Haus ist eine Schicksalsgemeinschaft. Russland wird auf dem europäischen Kontinent schon rein geografisch unser Nachbar bleiben, wir können ihm nicht die Tür weisen. Wir müssen wieder – ganz pragmatisch und illusionslos – die Risiken im Verhältnis mit Russland ausräumen und uns auf die Chancen einer partnerschaftlichen Zusammenarbeit konzentrieren. Deutschland, das besondere Verantwortung für den Frieden auf unserem Kontinent trägt, sollte auf diesem Weg eines »Wandels durch Annäherung« vorangehen und ihn zu einem europäischen Weg machen. Denn sonst, so fügte Bahr der von ihm geprägten Formel der Ostpolitik hinzu, »müssten wir auf Wunder warten, und das ist keine Politik«.

Auch ich vertraue nicht auf Wunder. Ich bin Kybernetiker von Beruf und war lange in der Politik. So bin ich es gewohnt, nüchtern zu analysieren und mit dem Blick auf das Machbare Lösungen zu finden. Ich verhehle meine Sympathie für Russland und seine Menschen nicht – für ihre großen kulturellen Leistungen, ohne die Europas Gesellschaften um vieles ärmer wären; für ihre Herzlichkeit und Gastfreundschaft; für ihre Bereitschaft zur Versöhnung, auch und gerade mit uns Deutschen, die unermessliches Leid über die Völker der Sowjetunion gebracht haben. Doch bin ich nicht naiv und lasse mich in der Frage der Beziehungen zu Russland nicht von Emotionen leiten. Es gilt sachlich abzuwägen und Perspektiven für die Zukunft zu entwickeln: Was können wir tun? Was steht auf dem Spiel? Wo liegen unsere Interessen und welche Vorteile kann uns eine neue Ostpolitik bringen?

Wir sollten dabei den Realitäten ins Auge sehen: Europa wird auf die Dauer nur stark und handlungsfähig sein, wenn die Europäische Union und Russland zusammenarbeiten. Nur mit Russland als Partner wird Europa sein politisches Gewicht in der Welt behaupten können. Und nur gemeinsam mit Russland werden wir die großen globalen Zukunftsaufgaben bewältigen können – ob Klimaschutz, Energiesicherheit, Migration oder Terrorismus.

Als der Kalte Krieg zu Ende war, hielt der polnische Schriftsteller Andrzej Szczypiorski fest: »Schon heute wird es sichtbar, dass die Konfrontation leichter als die Zusammenarbeit war – an die Konfrontation waren die Menschen gewöhnt, die Zusammenarbeit müssen sie erst lernen.«[3] Dafür darf es nie zu spät sein. Wir müssen die alten Denkmuster hinter uns lassen und immer und immer wieder Annäherung versuchen. Die Zukunftsvision einer gesamteuropäischen Vertrauens- und Friedensordnung darf nicht verkümmern. Die Ostpolitik der Siebzigerjahre hatte sich dieser europäischen Gestaltungsaufgabe angenommen. Sie mündete in die »Konferenz über Sicherheit und Zusammenarbeit in Europa« und die Schlussakte von Helsinki, die, um Krieg zu verhindern, den Gedanken der Kooperation von Ost und West an die erste Stelle setzte. Auch jetzt könnte der Weg zu einer neuen Ordnung für den europäischen Kontinent über einen Helsinki-Prozess führen.

Nur wenigen ist heute der Zweite Weltkrieg noch aus der eigenen Erinnerung gegenwärtig. Die meisten von uns haben – wie ich – den Krieg nicht mehr erleben müssen. Ich empfinde es als großes Glück, dass ich mein ganzes bisheriges Leben in Frieden leben durfte. Und ich mache mir immer wieder bewusst, dass Frieden auch auf unserem Kontinent alles andere als selbstverständlich ist. Dieser Kontinent wird uns ohne Russland oder gegen Russland kein sicheres und friedliches Zuhause sein.

I. Östliche Prägungen

Kind der DDR

Herkunft und Heimat prägen ein Leben lang. Auch mir und Millionen anderen, die in der DDR sozialisiert wurden, geht es so. Wer in den vier Jahrzehnten DDR zwischen Ostsee und Erzgebirge aufgewachsen ist, für den war das Land sein Zuhause und der ist nun einmal, wie ich, Ostdeutscher. Die ostdeutsche Identität ist sozusagen ein Teil meiner genetischen Grundausstattung, etwas, das man nicht einfach aus den Kleidern schütteln kann. Das bleibt fürs Leben.

Ich bin in Potsdam groß geworden, ganz in der Nähe der Glienicker Brücke, die durch die spektakulären Agententransfers seit den Sechzigerjahren weltweit bekannt wurde. Als Walter Ulbricht 1961 die Mauer bauen ließ, wurde die Glienicker Brücke Teil des Grenzrings um West-Berlin. Obwohl ich damals erst sieben Jahre alt war, bekam ich ganz bewusst mit, dass nun bei uns eine geschlossene Grenze war: Die Badestelle am Potsdamer Ufer vor der Brücke, an der wir oft gewesen waren, gab es auf einmal nicht mehr, denn auf der anderen Seite, in Schwimmweite, lag der Westen – Feindesland.

Die »Brücke der Einheit«, wie das im Krieg zerstörte Stahlbauwerk nach dem Wiederaufbau 1949 hieß, sprach ihrem Namen von Anfang an Hohn. Seit 1952 war der weiße Grenzstrich genau in der Mitte der Brücke nur noch mit einem Sonderausweis zu passieren. Seit 1961 war die »Brücke der Einheit«, die übrigens noch heute eine zweigeteilte Farbgebung hat, in Potsdam das Symbol der Trennung. Hier aufzuwachsen, im Schatten einer Brücke, die nichts anderes als eine Mauer war – auch das gehört zu den prägenden Erfahrungen in meinem Leben.

In meiner Heimatstadt, in einem behüteten Elternhaus in der Berliner Vorstadt, durfte ich eine Kindheit in der DDR erleben, die unbeschwerter kaum sein konnte. Ein großer Garten hinter dem Haus, der bis ans Wasser führte, ein Steg, ein Ruderboot – unser Zuhause war ein traumhafter Ort für Kinder. Vom Ufer fiel der Blick auf das Kleine Schloss im Babelsberger Park, den der große preußische Gartenarchitekt Peter Joseph Lenné, später auch der »grüne Fürst« Hermann von Pückler-Muskau gestaltete, und auf den von weither sichtbaren Flatowturm. Eine idyllische Umgebung, wie sie einem in der Potsdamer Kulturlandschaft an den Havelseen auf Schritt und Tritt begegnet. Im sozialistischen Potsdam der Fünfziger- und Sechzigerjahre, aber auch danach, war noch immer etwas vom Glanz der preußischen Könige zu spüren. »Daß gantze Eylandt mus ein paradis werden«, hatte Johann Moritz von Nassau-Siegen, ein leidenschaftlicher Landschaftsgestalter, dem Großen Kurfürsten Friedrich Wilhelm von Brandenburg geraten, als dieser 1660 Potsdam – nach Berlin – zu seiner zweiten Residenz machte. Dieses Paradies ging auch in der Tristesse der DDR nie ganz verloren.

An diesem besonderen Ort lebten wir im Osten des geteilten Deutschlands ein Leben, das für mich wie für viele andere Menschen in der DDR über Jahrzehnte vor allem eines war: ganz normal. Kindheit und Schule, Studium und Beruf, Kollegen, Nachbarn, Freunde, Partnerschaft, Kinder und Enkel. Ein Leben mit Hoffnungen und Enttäuschungen, mit Leid und Freud, wie es Menschen anderswo auch kennen. Die meisten Ostdeutschen erkennen ihr Leben in den Geschichtsbüchern heute streckenweise nicht wieder.

»Als die DDR-Vergangenheit, wie sie sich in den Akten darstellte, ab 1990 öffentlich erzählt wurde, staunten die meisten Ostler«, resümiert der Historiker Ilko-Sascha Kowalczuk achtundzwanzig Jahre nach dem Ende der DDR: »Diese Geschichte von Leid, Opfern, Unterdrückung und Widerstand ... es war nicht ihre Geschichte.«[4] Auch ich finde meine Erfahrungswelt zwischen 1953 und 1989 in diesem Schwarz-Weiß-Bild nicht richtig beschrieben. Das Leben im sozialistischen Einheitsstaat hatte sehr viel mehr Schattierungen, war wesentlich nuancenreicher und ambivalenter. System und Staatssicherheit gehörten, auch wenn sie mitunter »beiläufig« waren, natürlich immer dazu – auch das muss man sich vergegenwärtigen. Viele haben sehr unter dem Regime gelitten. Und doch erschöpften sich die Daseinsmöglichkeiten in der DDR nun wirklich nicht darin, nur »Täter« oder »Opfer« zu sein: »Die meisten waren weder das eine noch das andere, viele aber beides«, urteilt Kowalczuk. Die im Westen Deutschlands verbreitete Ansicht, die Bürgerinnen und Bürger der DDR seien allezeit nichts als Opfer des Systems gewesen, lehnen die Ostdeutschen fast durchweg ab – zu Recht, wie ich meine.

Zur ostdeutschen Normalität gehörten auch die sowjetischen Soldaten mit ihren Angehörigen und Zivilbeschäftigten. In der DDR waren die sowjetischen Truppen mit ungefähr einer halben Million Menschen – davon mehr als 300 000 in Uniform – im gesamten Land präsent. Sie waren Teil des Alltags, obwohl Kontakte zu den weitgehend separiert lebenden Truppen trotz offizieller deutsch-sowjetischer Freundschaft nicht erwünscht waren. Und doch gab es mit der »Bruderarmee« immer Berührungspunkte, nicht nur die staatlich inszenierten, sondern auch private. In Potsdam, wie in anderen Städten mit einer sowjetischen

Garnison auch, blieb es den Menschen nicht verborgen, wie schlecht die Militärdienstleistenden der sowjetischen Armee behandelt wurden. Deren Lebensbedingungen waren – anders als die der Offiziere – geradezu erbärmlich. Mitleid war daher besonders in den beiden letzten Jahrzehnten der DDR oft die überwiegende Empfindung in der Bevölkerung gegenüber den meist sehr jungen Soldaten, die ihren drei-, später zweijährigen Armeedienst fern der Heimat ableisteten.

Die Standortdichte im damaligen Bezirk Potsdam war die höchste in der DDR. In der Stadt selbst, seit dem frühen 18. Jahrhundert durch den »Soldatenkönig« Friedrich Wilhelm I. preußisch-militärisch vorgeprägt, waren gleich mehrere Truppenteile der sowjetischen Streitkräfte untergebracht. Mitten in Potsdam hatten die Sowjets sogar einen eigenen, von einer Mauer umgebenen Stadtteil, in dem die Deutschlandzentrale der militärischen Spionageabwehr mit Gerichtsbarkeit und dem Untersuchungsgefängnis Leistikowstraße, heute eine Gedenk- und Begegnungsstätte, untergebracht waren. Die Mauer um dieses sogenannte »Militärstädtchen« fiel übrigens erst 1994.

Die Russen waren aus dem Stadtbild also nicht wegzudenken, ich bin mit ihnen groß geworden – auch sie gehören zu den prägenden Bestandteilen meiner Biografie. Nicht weit von unserem Haus residierte die sowjetische Kommandantur, eine Straße weiter funkte der Soldatensender Radio Wolga. Mit Murat, einem der Schäferhunde der sowjetischen Offiziere, verstand ich mich gut. Der Russenladen, das »Magazin«, war um die Ecke. Auch wir nutzten es zum Einkauf, weil es etliche sonst kaum erhältliche Waren anbot. Später gewann es für mich und meine Freunde noch mehr an Bedeutung, denn im »Magazin« gab es tschechisches Bier. Wer das gewöhnliche DDR-Bier kennt, kann sich vorstellen, wie willkommen uns diese Beschaffungsmöglichkeit war.

Noch heute habe ich den ganz eigentümlichen Geruch des Kraftstoffs in der Nase, mit dem die Russen ihre Fahrzeuge betankten, und noch heute bekomme ich Heimatgefühle, wenn ich ihn rieche. Heimat, sagt man, ist da, wo Erinnerung sich auskennt. Christa Wolf würde von »Kindheitsmustern« sprechen.

Hinzu kam eine »zivile« Prägung durch die russische Kultur. Ich hatte das Glück, eine überaus kluge Lehrerin zu haben, die nicht nur die russische Sprache unterrichtete, sondern auch mein Interesse an Filmen, Büchern und Musik aus dem großen Land im Osten weckte. Ich konnte daraus für mein Leben viel Gutes und Schönes gewinnen. Die sowjetischen Filme, die in den Siebzigerjahren in unseren Kinos liefen, habe ich mit Begeisterung – oft mehrmals – geschaut. Wassilij Schukschins *Kalina Krasnaja – Roter Holunder* gehörte dazu und Alexander Mittas *Leuchte, mein Stern, leuchte*. Es sind Filme, die für das Leben bleiben und die gerade in einem jungen Menschen etwas bewegen können. Der in Dresden aufgewachsene Jan Josef Liefers erinnert sich in seiner Autobiografie *Soundtrack meiner Kindheit*, wie er nach einer Aufführung von *Leuchte, mein Stern, leuchte* noch im Dunkel des Kinosaals den Entschluss fasste, Schauspieler zu werden.[5]

Die Erzählungen Jurij Trifonows, seine *Moskauer Novellen* etwa oder *Das Haus an der Uferstraße*, gehören ebenso wie die unvergänglichen Kompositionen von Dimitrij Schostakowitsch bis heute zu meinen wichtigen Kultur- und auch Lebenserfahrungen. Beider Leben und Werk ist eng mit der sowjetischen Geschichte und Gesellschaftsentwicklung verbunden – Schostakowitsch wie Trifonow haben den Terror Stalins, das Tauwetter der

Chruschtschow-Zeit und die Stagnation unter Breschnew erlebt. Mich regten sie auch zum Nachdenken über die eigene Gesellschaft an und zu einer kritischen Auseinandersetzung mit der DDR.

In der Folge setzte in den späteren Siebzigerjahren bei mir eine zunehmende Ernüchterung über die gesellschaftlichen Verhältnisse im real existierenden Sozialismus ein. Sie nahm ihren Anfang mit der Ausbürgerung Wolf Biermanns 1976. Die Kritik eines Liedermachers musste die DDR doch aushalten können! Dazu aber war dieser Staat zu kleingeistig. Die Enttäuschung über mein Land wuchs.

Viele Künstler und Intellektuelle, die gegen die Biermann-Ausbürgerung protestiert hatten, waren Repressalien ausgesetzt. Manfred Krug, Armin Müller-Stahl, Sarah Kirsch, Reiner Kunze, Jurek Becker und andere gingen dem Land verloren. Von diesem kulturellen Braindrain sollte sich der SED-Staat nie mehr wirklich erholen. Zumindest im Nachhinein drängt sich der Eindruck auf, dass damit die DDR-Dämmerung einsetzte und fortan nicht mehr aufzuhalten war.

Am Jahresende 1979 marschierten dann sowjetische Truppen in Afghanistan ein. Im Prager Frühling, den die Sowjets 1968 mit Truppen des Warschauer Pakts niederschlugen, hatten sie zumindest noch behaupten können, dass der Sozialismus gerettet werden solle. Bei der Intervention in Afghanistan war klar: Der Sowjetunion, dem »weltweiten Vorbild sozialistischer Staatlichkeit«, als das sie in der DDR verehrt wurde, ging es nur noch um die Sicherung und Ausdehnung der Machtsphäre. Für mich war der Punkt erreicht, innerlich mit dem System abzuschließen.

»Wind of Change«

Illusionen machte sich in den Achtzigerjahren kaum noch jemand, nicht was die gesellschaftliche und auch nicht was die wirtschaftliche Entwicklung im Regime betraf, zu unübersehbar waren die Krisensymptome. Der DDR-Staat war dabei, alle Substanz aufzuzehren. Die Versorgungslücken wurden immer größer: In den Betrieben fehlten oft Material und Ersatzteile, in den Geschäften wurden mitunter selbst die alltäglichen Güter knapp. Die Umweltprobleme waren nicht mehr zu kaschieren: schmutzige Luft – wohl jeder, der in der DDR lebte oder sie einmal besuchte, erinnert sich an den charakteristischen Geruch von Braunkohle und Zweitaktgemisch –; belastete Böden; bunte, schäumende Flüsse; sterbende Wälder. In den Städten und Dörfern verfielen die historischen Gebäude. Nicht von ungefähr schrumpfte die Zahl derer, die vom DDR-Sozialismus vollauf überzeugt waren, zusehends. Das Leben stagnierte, das ganze Land schien zunehmend gelähmt. Viele Menschen zogen sich ins Private zurück. Die »Werktätigen« konnten sich mühen, sosehr sie wollten: Das Siechtum des maroden Systems würden sie nicht aufhalten. Christa Wolf hat diese Grundstimmung in ihren Tagebucherzählungen *Ein Tag im Jahr* für den 27. September 1982 ziemlich präzise eingefangen: »Die bleiern graue Resignation, das bequeme Sich-gehen-Lassen, hat ja die allermeisten Leute erfasst, die normalerweise schöpferisch sein könnten: Wer eine Generation lang daran gehindert wird, gibt es schließlich auf. Oder geht weg. Mehltau legt sich über alle und alles.«[6]

Andere Länder im Ostblock waren weiter: In Polen hatte sich 1980 die von Lech Wałęsa angeführte Solidarność-Gewerkschaft gebildet, die binnen kurzer Zeit zehn Millionen Mitglieder zählte, rund ein Drittel der erwachsenen Bürger des Landes. Wie die Reformkommunisten um Alexander Dubček, die 1968 in der Tschechoslowakei für einen »Sozialismus mit menschlichem Antlitz« eintraten, weckte auch die Solidarność Hoffnungen auf Veränderung, die sich dann rasch wieder zerschlugen: Im Dezember 1981 verhängte Regierungschef Wojciech Jaruzelski das Kriegsrecht und im Jahr darauf wurde die Solidarność verboten. Die Bewegung lebte trotzdem weiter – ich konnte das staunend bei einem Besuch in der Brigittenkirche in Danzig, einem Treffpunkt der Regimegegner, erleben.

Ungarn verfolgte bereits seit den Sechzigerjahren einen liberaleren Kurs. Der Sozialismus sowjetischer Prägung hatte sich, nachdem der Volksaufstand von 1956 mit Unterstützung der Sowjets blutig niedergeschlagen worden war, für die Magyaren erledigt. Parteichef János Kádár lockerte in der Folge die Zügel. Im sogenannten »Gulaschkommunismus« herrschte ein deutlich freieres Lebensgefühl als in anderen sozialistischen Staaten, und das Land war viel weltoffener. Die »lustigste Baracke des Ostblocks« eben. Seit den Siebzigerjahren war ich regelmäßig in Budapest, um einen ungarischen Freund, den ich während meiner Studienzeit kennengelernt hatte, zu besuchen. Als die Atmosphäre zu Hause immer stickiger wurde, konnte ich in der ungarischen Hauptstadt durchatmen und neuen Mut schöpfen.

In der Sowjetunion hatte Michail Gorbatschow im März 1985 das Amt des Generalsekretärs der KPdSU angetreten und leitete einen politischen Kurswechsel ein – aus blan-

24

ker Not: Das Land war wirtschaftlich am Ende. Der neue Herrscher im Kreml stellte sich der Wahrheit, dass es so nicht weitergehen konnte, und stieß tief greifende wirtschaftliche und gesellschaftliche Reformen an: die Politik von Glasnost (Offenheit) und Perestrojka (Umgestaltung). »Wir brauchen Demokratie wie die Luft zum Atmen. ... Offenheit, Kritik und Selbstkritik, Kontrolle durch die Massen – das sind die Garantien für eine gesunde Entwicklung der sowjetischen Gesellschaft«, verkündete Gorbatschow in seinem Schlusswort auf dem Plenum des Zentralkomitees der KPdSU Ende Januar 1987.[7] Zudem ermutigte er die Länder des Ostblocks zu Reformen. Einmal mehr keimte Hoffnung im Machtbereich der UdSSR.

In einigen Ländern war der frische Wind der Perestrojka bald sehr deutlich zu spüren. In Ungarn zwangen die Reformer den alten Parteichef Kádár im Mai 1988 zum Rücktritt und arbeiteten ab November unter Regierungschef Miklós Németh an einem Systemwandel hin zu unabhängigen Parteien und sozialer Marktwirtschaft. In Polen war seit Ende 1988 klar, dass es ohne die Solidarność nicht weitergehen würde, ab Februar 1989 saß die ehemals verbotene Gewerkschaft mit am Runden Tisch, um den friedlichen Übergang von der Einparteienherrschaft zur parlamentarischen Demokratie auszuhandeln.

Wie Gorbatschows Riesenreich stand auch der »Arbeiter- und Bauernstaat« mit dem Rücken zur Wand. Eine Erneuerung des »Sozialismus in den Farben der DDR« war lange überfällig. Mehr als dreißig Jahre war die SED-Führung dem »großen Bruder« getreu dem Motto »Von der Sowjetunion lernen, heißt siegen lernen« brav gefolgt. Die Menschen in der DDR wagten zu hoffen, dass nun wie in Moskau auch in Ost-Berlin ein Umdenken einsetzen und in ihrem Land sich endlich etwas tun würde – vergebens.

Einige Wochen nach Gorbatschows Rede vor dem Zentralkomitee stellte der SED-Chefideologe Kurt Hager in einem Interview mit der Illustrierten *Stern*, das am nächsten Tag auch im Zentralorgan *Neues Deutschland* abgedruckt wurde, die Haltung der Führung mit einer rhetorischen Frage unmissverständlich klar: »Würden Sie, ... wenn Ihr Nachbar seine Wohnung neu tapeziert, sich verpflichtet fühlen, Ihre Wohnung ebenfalls neu zu tapezieren?« In der DDR sollte es im alten Trott weitergehen. Schlimmer noch: Die vergreiste Staatsführung um Erich Honecker tat alles, um das »Neue Denken« in der Sowjetunion Gorbatschows von ihren Bürgern fernzuhalten.

Im November 1988 wurden mehrere Perestrojka-Filme von den Spielplänen der Kinos gestrichen. Die Auslieferung der sowjetischen Zeitschrift *Sputnik* und der *Budapester Rundschau*, zu deren Lesern auch ich gehörte, wurde gestoppt. Das Verbot des *Sputnik*, der in der DDR in einer Auflage von 180 000 Exemplaren in deutscher Sprache vertrieben wurde, sorgte für viel Protest gegen die engstirnige SED-Führung, auch öffentlich. Mit Tausenden von Eingaben wandten sich Betriebe, Universitäten, Schulen und einzelne Bürger, darunter auch SED-Mitglieder und -Anhänger, gegen das Verbot. »Sputnik«-Schriftzüge erschienen auf dem Straßenasphalt und an Häuserwänden, auch Handzettel »Für Sputnik« mit dem Konterfei Michail Gorbatschows kursierten.

Das *Sputnik*-Verbot bedeutete de facto die Aufkündigung der stets beschworenen »unverbrüchlichen Freundschaft zur Sowjetunion«, die ja von Beginn an Teil der DDR-Staatsräson war. Dass der in der Sowjetunion begonnene Wandel vom »kleinen Bruder« verweigert wurde, ernüchterte und machte nachdenklich. Wie ich sahen nicht wenige im Land in dem Verbot ein Menetekel: Die DDR wankte in ihren Grundfesten – dieses Land würde seinen Bürgern auf Dauer kein Heim mehr sein können.

Michail Gorbatschow hat Erich Honecker nicht von seiner Politik einer Erneuerung des Sozialismus überzeugen können. In seinen *Erinnerungen* berichtet er davon, wie er mehrmals vergeblich versucht habe, den Staatsratsvorsitzenden dazu zu bringen, die notwendigen Reformen in seinem Land nicht zu verschleppen: »Jedes Mal stieß ich gleichsam auf eine Mauer des Unverständnisses.«[8] Der neue sowjetische Staatschef war für die Führung der DDR eine Persona non grata. In den Jahren 1988 und 1989 ergaben sich daraus nachgerade groteske Situationen: In der DDR, die stets fest an der Seite des »sowjetischen Brudervolks« gestanden hatte, konfiszierten Stasi-Mitarbeiter bei offiziellen Feierlichkeiten Plakate, auf denen der Generalsekretär der Kommunistischen Partei der Sowjetunion abgebildet war; Porträts von Gorbatschow zu zeigen, wurde als »feindlich-negative Tätigkeit« eingestuft.

Für die Menschen in der DDR wurde Michail Gorbatschow mehr und mehr zum Hoffnungsträger. Immerhin hatte er Reformen nicht nur angekündigt, wie man es vom eigenen Land zur Genüge kannte, sondern auch wirklich eingeleitet. In der Wirtschaft hatten sie kaum Wirkung gezeigt – die Reformen konnten auch späterhin die ökonomische Schieflage des Landes nicht beseitigen –, waren aber umso mehr im gesellschaftlichen Leben zu spüren. Die neue Meinungsfreiheit in der Sowjetunion – die Auseinandersetzung mit der eigenen Geschichte, die kritische Diskussion über die Missstände in Staat und Gesellschaft – gab es tatsächlich. Daher auch die große, bisweilen geradezu euphorische Resonanz, auf die die Reformpolitik Michail Gorbatschows bei den Ostdeutschen stieß.

Seit Glasnost und Perestrojka hatte die Sowjetunion

immer mehr an neuem Ansehen in der Bevölkerung der DDR gewonnen. »Gorbi, hilf uns!«, riefen Bürgerinnen und Bürger, als der sowjetische Parteichef zum vierzigsten Jahrestag der DDR Anfang Oktober 1989 nach Berlin kam, vier Wochen vor dem Fall der Mauer. Über die hatte Erich Honecker noch im Januar gesagt, sie werde »in fünfzig und auch in hundert Jahren noch bestehen«.

Die Achtzigerjahre waren eine Zeit zunehmender Entfremdung der DDR-Bürger von ihrem Staat. Immer mehr Menschen waren auf der Suche nach Auswegen, nach neuen Wegen, die sie innerhalb oder auch außerhalb der DDR gehen konnten. Viele hatten endgültig mit ihrem Land abgeschlossen und waren bereit, der Heimat für immer den Rücken zu kehren, Familie und Freunde zurückzulassen, um im Westen einen Neuanfang mit ungewisser Zukunft zu wagen. Die Zahl der Bürgerinnen und Bürger, die einen Ausreiseantrag stellten, stieg kontinuierlich. Im Jahr 1980 waren es 21 500, 1984 schon mehr als 50 000, und ab 1987 reichten jährlich mehr als 100 000 Menschen ein sogenanntes »Übersiedlungsersuchen« ein.

Andere versuchten, im eigenen Land gegen die tägliche Frustration und den Stillstand anzukämpfen. Sie wollten sich von der allgemeinen Erstarrung nicht länger lähmen lassen, verließen ihre privaten Nischen, in die sie sich zurückgezogen hatten, und wurden aktiv. In der Gesellschaft regte sich neues Leben, außerhalb der politisch-ideologischen Gängelung und Bevormundung, selbstbestimmt und selbstverantwortlich, soweit das innerhalb des DDR-Regimes möglich war. Überall im Land bildeten sich oppositionelle politische Gruppen und Initiativen, in denen sich Bürgerinnen und Bürger für Menschenrechte, Frieden, Dritte-Welt-Themen oder Umweltschutz engagierten. Auch mein Freundeskreis in Potsdam debattierte ab Mitte der Achtzigerjahre über diese Themen. Die Kernfrage lautete: einen Ausreiseantrag stellen oder bleiben? Und wenn bleiben, dann aber auch etwas tun. Dazu habe ich mich spätestens 1987 entschlossen.

Arbeit am eigenen Land

Der Pfingstberg über den Dächern von Potsdam ist ein Ort, der mit seinem herrlichen Blick auf die Havellandschaft wohl jeden inspiriert – heute wie in früherer Zeit. Friedrich Wilhelm IV., den »Romantiker auf dem Preußenthron«, regte er in der Mitte des 19. Jahrhunderts dazu an, hier ein Belvedere im italienischen Stil errichten zu lassen. Peter Joseph Lenné gestaltete die Parkanlage rund um das Aussichtsschloss und den Pomona-Tempel, einen kleineren Pavillon aus dem Jahr 1801 – das Erstlingswerk von Preußens Baumeister Karl Friedrich Schinkel.

Das historische Ensemble war in den Jahrzehnten nach dem Krieg immer mehr heruntergekommen, die Bauten verfallen und zugewuchert, der Park verwildert. Viele Menschen in der Stadt ärgerten sich über den trostlosen Anblick, den der Potsdamer Pfingstberg bot. Und hinter diesem Unmut steckte irgendwie noch mehr. Der verwahrloste Ort stand gewissermaßen sinnbildlich für den Zustand der DDR, in der es in den Achtzigerjahren an allen Ecken und Enden bröckelte, in der das Vergangene vergangen und die Zukunft nicht angebrochen war, in der sich über alles ein Schleier aus Lethargie und Apathie gelegt hatte.

Es war Wieland Eschenburg, einem engagierten jungen Orgelbauer, zu verdanken, dass es nicht beim Ärger über den Zustand blieb. Mit Schubkarren, Spaten, Hacken, Äxten und Heckenscheren zogen im Februar 1988 auf seine Initiative hin rund zwanzig vorwiegend junge Freiwillige auf das verwilderte Gelände. Die gerade gegründete »Arbeitsgemeinschaft Pfingstberg« begann, das Belvedere und die Überreste des Pomona-Tempels vom Gestrüpp zu befreien sowie Garten- und Weganlagen nach den Originalentwürfen zu rekonstruieren. Nein, wir hatten weiß Gott keinen Umsturz im Sinn. Wir wollten schlicht nicht länger dasitzen und tatenlos zusehen, wie um uns herum alles den Bach herunterging! Wir ergriffen die Initiative und nahmen die Dinge in die eigenen Hände – ganz pragmatisch. Schritt für Schritt, Woche für Woche, eher leise als laut, wollten wir etwas verändern. Das war unser hoffnungsfroher Aufbruch in der eigenen Stadt, im eigenen Land.

Schon bald danach gründete sich die »Arbeitsgemeinschaft für Umweltschutz und Stadtgestaltung« (ARGUS), mit der wir unseren Aktionsradius ausdehnten und auch politischer wurden. Aus meiner beruflichen Tätigkeit, ich war bei der Hygieneinspektion Potsdam für Umwelthygiene verantwortlich, kannte ich die ökologische Situation in Stadt und Umland seit Jahren ziemlich genau, einschließlich der Messdaten, die vor der Bevölkerung geheim gehalten wurden. Wir brachten die Missstände in der Stadt in öffentlichen Diskussionsveranstaltungen zur Sprache und gaben ein Informationsblatt heraus: über die »Brühe« im Tiefen See und in der Havel, den Verfall und Abriss von Häusern in der barocken Altstadt, die Luftverschmutzung durch brennende Mülltonnen, in die während des Winters oftmals heiße Asche gefüllt wurde. Uns ging es nicht nur darum, die Bürger für Umwelt- und Denkmalschutzthemen zu sensibilisieren, sondern sie auch zu beteiligen und, wie es in unserem Blatt hieß, »in unserer Stadt Potsdam ... zu Aktivitäten innerhalb und außerhalb der privaten Sphäre anzuregen«.[9]

Eine derartige Selbstermächtigung war dem »vormundschaftlichen Staat« (Rolf Henrich), der alle Lebensbereiche seiner Bürger ausschließlich in seiner Zuständigkeit sah, naturgemäß suspekt. Wie alle emanzipatorischen Bewegungen weckte auch ARGUS das Misstrauen der SED-Obrigkeit und wurde von der Staatssicherheit beobachtet. Immer wieder wurden uns Steine in den Weg gelegt. Doch trotz der Widerstände, gegen die wir tagtäglich anzukämpfen hatten, war unsere Initiative der erhoffte neue Aufbruch. Wir hatten es gewagt: Wir hatten begonnen, selbst zu handeln! Nach und nach wurde die Arbeit bei ARGUS für mich zu einem wichtigen Lebensinhalt.

Frühling lag in der Luft. Jenseits der DDR-Grenzen war die Welt 1989 in Bewegung wie nie zuvor. Die Sowjetunion hatte im Februar die letzten Soldaten aus Afghanistan abgezogen; in Peking demonstrierten seit April Studenten auf dem Tiananmen-Platz gegen Parteiwillkür und für eine Öffnung der Gesellschaft; in unserer osteuropäischen Nachbarschaft hatte Ungarn am 2. Mai begonnen, die Sperranlagen an der Grenze zu Österreich abzubauen. Die Stimmung dort hatte ich in Budapest auf den Feiern zum 1. Mai selbst erlebt. Die *eine* offizielle Maidemonstration, wie ich sie aus der DDR kannte, gab es nicht mehr. Zwar marschierten die Kommunisten wie jedes Jahr auf dem Heldenplatz, doch gleich nebenan hielten die gerade erst wiedergegründete Sozialdemokratische Partei und die Grünen ihre Maikundgebungen ab. Überall wurde diskutiert. Die Polizei schaute zu und regelte den Verkehr – eine andere Welt.

Zurück im real existierenden Sozialismus der DDR wurde ich sehr unsanft auf den Boden der Tatsachen zurückgeholt. Am 7. Mai fanden Kommunalwahlen statt. Dabei überwachten erstmals Bürgerinnen und Bürger in Hunderten von Wahllokalen überall im Land die Stimmauszählung und konnten nachweisen, dass die offiziellen Ergebnisse gefälscht waren. Viele stellten daraufhin Strafanzeige wegen Wahlbetrugs oder schrieben Eingaben, Demonstrationen auf den Straßen folgten.

Die SED-Führung hatte ihren letzten Rest Glaubwürdigkeit – sollte es diesen überhaupt noch gegeben haben – eingebüßt. Blind für die Wirklichkeit im Land ignorierte sie in ihrer bekannt selbstgefälligen Manier den Protest. Sie dachte nicht einmal daran, ihren starren Kurs zu revidieren. Im Gegenteil – durch den Widerspruch in die Enge getrieben, wurde die Staatsmacht aggressiver. Auch ich musste diese Erfahrung machen. Kurz nach der Kommunalwahl suchten mich zwei Offiziere des Ministeriums für Staatssicherheit auf und gaben mir zu verstehen, dass ihre Geduld mit mir am Ende sei. Sie gaben mir allerdings eine Chance: Ich sollte auf einer kirchlichen Versammlung am folgenden Sonntag öffentlich erklären, dass die amtlichen Auszählungsergebnisse korrekt und in keiner Weise manipuliert worden seien. Sollte ich das nicht tun – um meine drei Töchter bräuchte ich mir keine Sorgen zu machen, sie seien im staatlichen Kinderheim ohnehin besser aufgehoben. Nach Rücksprache mit Freunden taten wir das Einzige, was in solchen Situationen half: Wir machten das Gespräch im Rahmen unserer Möglichkeiten öffentlich, und ich hatte Glück. Die Stasi-Männer ließen sich bei mir nicht mehr blicken, obwohl ich die Erklärung nicht abgegeben habe. Vielleicht hatten sie inzwischen auch einfach zu viel zu tun.

Kurz darauf wurden die Studentenproteste in Peking blutig niedergeschlagen, und die DDR-Führung ließ keinen Zweifel daran, dass sie fest an der Seite der Machthaber in der Volksrepublik stand. Die Volkskammer erklärte am 8. Juni, dass sich die chinesische Führung gezwungen gesehen habe, »Ordnung und Sicherheit unter Einsatz bewaffneter Kräfte wiederherzustellen«. Später reiste der stellvertretende Staatsratsvorsitzende Egon Krenz zum vierzigsten Jahrestag der Volksrepublik in die chinesische Hauptstadt und betonte, man stehe »auf der Barrikade der sozialistischen Revolution« dem gleichen Gegner gegenüber.[10]

In Peking war uns drastisch vor Augen geführt worden, wie friedliche Reformbewegungen eben auch enden können. Die ostentativen Solidaritätsbekundungen der DDR-Führung waren nichts anderes als eine unmissverständliche Warnung an die eigene Bevölkerung: Das Regime war zu einer »chinesischen Lösung« bereit. Seitdem saß die Angst vor einer gewaltsamen Eskalation fest im Hinterkopf. Nicht umsonst hieß die wichtigste Parole auf den Straßen in Leipzig, Dresden, Berlin und auch in Potsdam: »Keine Gewalt!«

In den Wochen nach dem Blutvergießen in Peking war die Nervosität der Obrigkeit immer deutlicher zu spüren. Das Ministerium für Staatssicherheit hatte vor dem Jahrestag des Volksaufstands vom 17. Juni 1953 höchste Wachsamkeit angeordnet und baute in Berlin eine »Soforteinsatzgruppe operative Beobachtung« auf. Die Stimmung war beklemmend.

In dieser Zeit luden unsere AG Pfingstberg und ARGUS für den 10. Juni zu einem großen Umwelt- und Kulturfest ein. Natürlich beobachteten die Behörden und die Staatssicherheit unser Vorhaben misstrauisch und versuchten, es mit immer neuen Auflagen zum Scheitern zu bringen. Zuletzt mit der Forderung, dass auf dem Festgelände auf dem Pfingstberg eine Versorgung mit heißem Wasser sichergestellt sein müsse. Das konnten wir mit unseren Mitteln nicht leisten. In unserer Not baten wir den sowjetischen Stadtkommandanten um Hilfe, von dem wir wussten, dass er ein Anhänger Gorbatschows war. Ihm war sehr wohl bewusst, was für eine Veranstaltung er da unterstützen sollte – und stellte ohne Umschweife eine Gulaschkanone samt Personal zur Verfügung. Das war sein Beitrag dazu, sich in der DDR für die Politik von Glasnost und Perestrojka zu engagieren. Und die Stasi-Leute, die sich überall auf dem Festgelände aufhielten, luden wir ein mitzufeiern.

Das Fest wurde ein riesiger Erfolg. Mehr als 3000 kamen auf den Pfingstberg – selbstbewusste Menschen, die bereit waren, im eigenen Land neue Wege zu gehen und nicht alles hinzunehmen. Wir schöpften nach dem Fest neue Hoffnung: Kluge und kreative Menschen, wie sie zu uns auf den Pfingstberg gekommen waren, gab es überall in unserem Land. An diesem Tag war mitunter zu ahnen, welche Stoßkraft eine Bürgerbewegung in der DDR entfalten könnte. Gemeinsam müsste es doch gelingen, etwas zum Besseren zu verändern. Mit all diesen tollen Menschen ließe sich doch Staat machen! Vielen hat das Fest Mut und Zuversicht gegeben, sich im Herbst für den politischen Wandel zu engagieren. In Potsdam ist das Denkmalensemble auf dem Pfingstberg heute so etwas wie ein Symbol für den Aufbruch der Bürgerbewegung.

Doch immer mehr resignierten auch. Die Staatsmacht schüchterte ein, drangsalierte, erpresste. Die Angst wuchs, und mit ihr das Gefühl der Aussichtslosigkeit. Während sich in den Ländern um uns herum die Freiheit ihre Bahn brach, war daheim kein Lichtpunkt am Horizont zu sehen. Selbst Menschen, die zuvor nicht daran gedacht hatten, die DDR zu verlassen, die etwas im Land bewegen wollten, entschlossen sich zu gehen.

Am 11. September war die Grenze in Ungarn endgültig

offen. Seit im Mai mit der Demontage von Sperranlagen begonnen worden war und im Juni der ungarische Außenminister Gyula Horn und sein Wiener Amtskollege Alois Mock den Grenzzaun symbolisch durchschnitten hatten, waren Tausende Ostdeutsche über Ungarn aus ihrem Land fortgegangen. Allerdings wurden sie bis dahin, wenn sie aufgegriffen wurden, an die DDR-Behörden ausgeliefert. Noch mehr hatten weiter in Ungarn ausgeharrt, bis das Tor im September aufging. Bis zum Ende des Monats strömten dann über 30 000 DDR-Bürger in den Westen.

Am 11. September bestieg ich nach einigen Tagen im vibrierenden Budapest die Interflug-Maschine nach Berlin-Schönefeld – zurück in die DDR, in eine mehr als ungewisse Zukunft. Viele Sitze waren leer geblieben. Wen zog es an diesem Tag in die Deutsche Demokratische Republik? Ich erinnere mich an ungläubige Blicke und Fragen einiger westdeutscher Journalisten, die sich an Bord befanden. Auch mein Freund in Budapest zweifelte an meinem Geisteszustand: Wer kehrt in ein Land zurück, das von oben bis unten aus den Fugen geraten ist?

»Wer sein Land verlässt, dem geht es nur selten um eine Reform des eigenen Landes. Er möchte sein eigenes Leben verändern, nicht das von anderen«, schrieb der bulgarische Philosoph und Politologe Ivan Krastev einmal über den Exodus aus seinem Heimatland und fügte einen in Bulgarien beliebten Witz hinzu: »Es gibt nur zwei Wege für den Umgang mit der politischen und wirtschaftlichen Stagnation ... – der eine ist Terminal 1 und der andere Terminal 2« auf dem Flughafen Sofia.[11]

Nein, ich wollte nicht in den Westen, ich wollte meinen Kindern einmal sagen können: Wir haben zumindest versucht, dieses Land ein bisschen freier, ein bisschen offener, ein bisschen demokratischer zu machen. Ganz ohne

Hoffnung auf eine friedliche Zukunft
in Europa

»1989« ist zur Chiffre einer Zeitenwende geworden, deren Schlussakkord nicht mit dem Ablauf jenes Jahres, sondern erst Ende 1991 gesetzt wurde. In einem Stakkato von Ereignissen veränderte sich in diesem Zeitraum die bisherige politische Ordnung in Europa von Grund auf. Nach dem Fall der Mauer in Berlin am 9. November folgten nur einen Tag später der Umsturz in Bulgarien und im Dezember die Samtene Revolution in der Tschechoslowakei mit der Wahl des Bürgerrechtlers und Schriftstellers Václav Havel zum ersten nichtkommunistischen Staatspräsidenten. Am Ende des Jahres wurde der rumänische Diktator Nicolae Ceaușescu entmachtet und hingerichtet. Am 3. Oktober 1990 hörte die DDR auf zu existieren. Im August 1991 wurden Lettland, Litauen und Estland unabhängig, und im Dezember schließlich löste sich die Sowjetunion auf – ziemlich unspektakulär fiel die einstige Supermacht in sich zusammen.

Der Zerfall des Ostblocks bedeutete das Ende des Jahrhunderts der Gegensätze, eines Jahrhunderts mit zwei Weltkriegen und einem Kalten Krieg, der die Menschen auf dem gesamten Erdball und ganz besonders in Mitteleuropa über Jahrzehnte in Atem gehalten hatte. Die Mauer in Berlin, das Symbol des Kalten Krieges schlechthin, trennte Ost und West nicht mehr. Es schien eine Zeit angebrochen, in der Zeichen und Wunder geschahen. Das »lange« Jahr 1989 war unverhofft gekommen, die Staatenwelt des Ostblocks war bei aller Dramatik beinahe lautlos untergegangen, und mit einem Mal lag die Vereinigung der beiden deutschen Staaten nicht mehr fern jeder Realität. Das alles war kaum zu fassen. Die Rede war vom »Jahr der Wunder« (Timothy Garton Ash). Im Juli 1990 folgte das »Wunder vom Kaukasus«, als Gorbatschow in Moskau und in seiner kaukasischen Heimat in Verhandlungen mit Kohl den Weg für die deutsche Einheit ebnete. Darin kam zum Ausdruck, wie sehr diese Ereignisse dem Erwartbaren widersprachen. Die sowjetische Führung entließ die Staaten des Ostblocks in die Freiheit und streckte den Deutschen, die so viel Leid über ihre Völker gebracht hatten, die Hand entgegen. Gorbatschow sprach sich nicht nur für die Wiedervereinigung aus, er stimmte auch dem Verbleib des geeinten Deutschlands im westlichen Militärbündnis zu und zog die sowjetischen Truppen aus der DDR ab. Bundeskanzler Helmut Kohl erkannte 1990 die historische Gelegenheit und packte sie beim Schopf, auch der amerikanische Präsident George Bush senior unterstützte die Wiedervereinigung. Ohne Michail Gorbatschow aber wäre die deutsche Einheit geblieben, was sie bis dahin war: ein Zukunftsgespinst ohne Rückhalt in der Realität.

Die Euphorie war groß. Der Geist der Zeit spiegelte sich in der Charta von Paris für ein neues Europa wider, die im November 1990 von den USA, der UdSSR und mehr als dreißig europäischen Staaten unterzeichnet wurde. In der Präambel wurde festgehalten: »Das Zeitalter der Konfrontation und der Teilung Europas ist zu Ende gegangen. ... Europa befreit sich vom Erbe der Vergangenheit. Durch den Mut von Männern und Frauen ... bricht in Europa ein neues Zeitalter der Demokratie, des Friedens und der Einheit an.«

Der Kampf der Ideologien schien ein für alle Mal beendet, die Frage von Krieg und Frieden in Europa endgültig entschieden. Heute müssen wir feststellen, dass sich die an das Ende des Kalten Krieges geknüpften Hoffnungen nicht erfüllt haben, dass vielmehr die Gräben zwischen Ost und West neu aufgeworfen sind und wir uns wieder als Gegner betrachten. Im Rückblick mutet die Verheißung von damals geradezu blauäugig und naiv an.

Willy Brandt hat am Ende seines Lebens, nach dem Umbruch von 1989 und 1990, dazu aufgerufen, für das neue Zeitalter auch neue Antworten zu finden: »Unsere Zeit ... steckt, wie kaum eine andere zuvor, voller Möglichkeiten – zum Guten und zum Bösen. Nichts kommt von selbst. Und nur wenig ist von Dauer. Darum – besinnt euch auf eure Kraft und darauf, dass jede Zeit eigene Antworten will und man auf ihrer Höhe zu sein hat, wenn Gutes bewirkt werden soll.«[15] Haben die Staatenlenker nach der Epochenwende zu sehr auf die Wunder der Geschichte, die es ja bis dahin so gut mit ihnen meinte, vertraut? Oder wurden sie schlicht überwältigt? Die Welt wandelte sich in ungeheurem Tempo, da war es leichter gesagt als getan, auf der Höhe der Zeit zu bleiben. In der Rückschau stellt sich vieles klarer dar, unter anderem, auf welche alles entscheidende Frage man eine erschöpfende Antwort schuldig blieb – und, weit schlimmer, bis heute schuldig bleibt: die Frage der Sicherheit in Europa. Im neuen Zeitalter, ein knappes halbes Jahrhundert nach dem Zweiten Weltkrieg, erschien der Gedanke an Friedensvorsorge und Kriegsverhütung wie ein Rückfall in eine Vergangenheit, die man für immer hinter sich gelassen glaubte.

In Zeiten der Wunder trübt sich der Blick für Ereignisse ohne Präzedenz. Im Januar 1991 begann die größte militärische Operation, die jemals im Zeichen des Friedens stattgefunden hat. Die Gruppe der sowjetischen Streitkräfte machte sich auf, Deutschland zu verlassen: sechs Armeen, über 545 000 Uniformierte, Zivilangestellte und Familienangehörige, mehr als 94 000 Kraftfahrzeuge, 12 000 Panzerfahrzeuge, 1200 Flugzeuge und Hubschrauber. In mehr als 145 000 Eisenbahnwaggons gingen 2,6 Millionen Tonnen Material auf die Reise von der Mitte Europas in den Osten des Kontinents – per Bahn durch Polen und per Fähre von Mukran auf Rügen und von Rostock über die Ostsee.[16] Die Verlegung der sogenannten Westgruppe war eine organisatorische und logistische Herkulesaufgabe, umso mehr, als zeitgleich auch die Streitkräfte aus Polen, der Tschechoslowakei und Ungarn – insgesamt noch einmal 268 000 Menschen samt Ausrüstung – abgezogen wurden. Dennoch wurde die Rückführung ohne größere Zwischenfälle plan- und fristgerecht im August 1994 abgeschlossen. Dabei muss man bedenken, dass die unvorstellbare Menge von 677 000 Tonnen Munition vorbei an unseren Wohnorten transportiert wurde.

Die Zuverlässigkeit und Umsicht der abziehenden Soldaten kann man gerade angesichts der immensen menschlichen Schwierigkeiten, die ihre Rückkehr mit sich brachte, gar nicht hoch genug schätzen. Die politische Situation in der Sowjetunion war instabil, das zeigte der Putschversuch in Moskau im August 1991. Die Soldaten kehrten nicht in eine vertraute Heimat zurück, sondern in ein Land im Umbruch und in eine ungewisse Zukunft. Sie kehrten nicht einmal alle in *ein* Land zurück – nach der Auflösung der Sowjetunion waren sie ab 1992 mit einem Mal Bürger verschiedener Staaten: Russlands, der Ukraine, Weißrusslands und anderer mehr. Nicht immer war ihr neues Heimatland das ihrer Nationalität entsprechende. Das drängendste Problem war der fehlende Wohnraum. Sehr viele Familien konnten in ihren Heimatorten an den neuen Militärstützpunkten keine Unterkunft finden, beinahe jede dritte brach darüber auseinander. Die Bundesregierung versuchte mit einem umfangreichen Wohnungsbauprogramm zu helfen, doch mussten viele Soldaten und ihre Angehörigen den ersten Winter in provisorischen Zeltlagern verbringen.

Zum zehnten Jahrestag des Abzugs konnte ich als brandenburgischer Ministerpräsident den sowjetischen Soldaten und dem ehemaligen Oberkommandierenden der Westgruppe, Generaloberst Matwej Burlakow, bei einem Festakt im August 2004 für ihre imposante Leistung Dank und Respekt zollen. Wir sollten die Erinnerung an den Abzug der Sowjetarmee als bedeutenden und wertvollen Beitrag zur Verständigung unserer Völker wachhalten. Bis heute, meine ich, ist diese Friedensgeste nicht angemessen gewürdigt und schon gar nicht erwidert worden. Dabei stellte der komplette Rückzug der sowjetischen Soldaten aus der ehemaligen DDR ein sicherheitspolitisches Zugeständnis dar, das – fünfzig Jahre nach dem Überfall der deutschen Wehrmacht auf die Sowjetunion – alles andere als selbstverständlich war.

Als Bundeskanzler Kohl und Außenminister Genscher bei ihrem Moskau-Besuch im Februar 1990 über die deutsche Einheit verhandelten und sich für eine NATO-Mitgliedschaft des vereinten Deutschlands starkmachten, sah sich Michail Gorbatschow im Zentralkomitee dem Vorwurf ausgesetzt, die sowjetischen außenpolitischen Interessen zu vernachlässigen. Den Kernpunkt der Kritik bildete die Frage »Was macht ihr mit unserer Sicherheit?«[17] Seit dem Ende des Zweiten Weltkriegs war dies die Leitfrage der Moskauer Politik. Alle Herren im Kreml, von Nikita Chruschtschow über Boris Jelzin bis Wladimir Putin, haben sie an den Westen gerichtet. Sie ist nie verbindlich beantwortet worden – auch nicht nach dem Ende des Kalten Krieges. »Sicherheit ist unteilbar, und die Sicherheit jedes Teilnehmerstaates ist untrennbar mit der aller anderen verbunden« – bei diesem Bekenntnis von Ost und West in der Charta von Paris ist es geblieben. So ging der Ost-West-Konflikt ohne einen Friedensvertrag und ohne einen Dialog über die künftige Ordnung auf dem Kontinent zu Ende. Seither war eine gesamteuropäische Sicherheitsarchitektur, die Russland als gleichberechtigten Partner einschließt, nie ein Thema europäischer Außenpolitik.

»Das Ende der Geschichte«

Den Frieden in Europa gemeinsam mit Russland zu sichern, schien den Europäern entbehrlich zu sein. Die Stimmen derer, die, wie der Vordenker der sozialdemokratischen Ostpolitik Egon Bahr, nach dem Fall des Eisernen Vorhangs forderten, dass die Militärbündnisse NATO und Warschauer Pakt letztlich von einem kollektiven Sicherheitssystem abgelöst werden müssten, blieben in der Minderzahl und wurden nicht erhört. Von Egon Bahr stammt auch der sicherheitspolitische Leitsatz, dass es nur mit Russland, nicht ohne und schon gar nicht gegen Russland dauerhafte Stabilität auf dem europäischen Kontinent geben könne. Es lohnt sich, dem Geist jener Jahre nachzuspüren und der Frage nachzugehen, warum dieser Leitsatz nach dem Umbruch in Europa außer Kraft gesetzt schien und nicht mehr ernst genommen wurde.

Als der amerikanische Diplomat George F. Kennan, der versierteste Russlandkenner seines Landes, 1994 im Alter von neunzig Jahren auf seine lange Karriere zurückblickte, berichtete er von einer der großen Enttäuschungen seines politischen Lebens. Nach dem Ende des Zweiten Weltkriegs hatte Kennan seiner Regierung geraten, den sowjetischen Expansionsdrang nach Mitteleuropa einzudämmen. Wenn es gelänge, den Sowjets zu verstehen zu geben, dass ihr Griff nach Europa keine Aussicht auf Erfolg habe, sei die Zeit gekommen, um mit ihnen über die Zukunft Europas zu verhandeln. Mit dem Marshall-Plan und der Berliner Luftbrücke machten die Amerikaner dem Sowjetregime unmissverständlich klar, dass sie bereit waren, sich für

Berlin und Europa einzusetzen. Doch dann, als man Moskau erfolgreich in die Schranken gewiesen hatte, zeigten zu Kennans Verdruss weder die amerikanische Regierung noch die westeuropäischen Alliierten auch nur irgendein Interesse, mit der Sowjetunion über die Gestaltung des zukünftigen Europas zu sprechen: »Was sie und die anderen von Moskau wollten, war im Grunde die ›bedingungslose Kapitulation‹. Sie waren bereit, darauf zu warten. Und das war der Beginn des vierzigjährigen Kalten Krieges.«[18] Der Weltkrieg war beendet, aber der Frieden verspielt.

Die »Kapitulation« der Sowjetunion hat dann 1991 in Form ihres beinahe lautlosen Abgangs von der Weltbühne stattgefunden. Der Kampf der Ideologien war entschieden. Der Westen hat den Zusammenbruch der Sowjetunion und der Staaten in ihrem Machtbereich als endgültigen Triumph der eigenen liberalen Ordnung wahrgenommen und leitete daraus deren Allgemeinheits- und Allgegenwartsanspruch ab: Demokratie, Marktwirtschaft und westliche Werte würden sich nun, gleichsam als natürliche Ordnung, in den Ländern des Ostens und in Russland, ja in allen Gesellschaften der Welt verbreiten. Sieger zweifeln nicht – die Lektionen der Vergangenheit schienen ebenso überflüssig geworden wie die Gestaltung der Zukunft. Der amerikanische Philosoph Francis Fukuyama kleidete den Zeitgeist in das Postulat vom »Ende der Geschichte«. Es herrschte die Gewissheit, dass an diesem Ende über kurz oder lang ausnahmslos liberale und demokratische Staaten westlichen Zuschnitts stehen würden, so dass es dem siegesstolzen Westen müßig schien, sich nach dem Wegfall der bipolaren Ordnung ernsthaft Gedanken über die Neugestaltung der Beziehungen im veränderten Europa zu machen.

In den ehemaligen Ostblockstaaten stand eine ganz

andere Aufgabe an: Nach der Stunde null von 1989 musste ein politischer und wirtschaftlicher Systemwechsel von der Diktatur zur Demokratie und von der Plan- zur Marktwirtschaft vollzogen werden. Die Frage, wie der Frieden in Europa gewahrt werden könne, trat hinter die Frage zurück, die die Geschichte auf dem Kontinent, so glaubte man, an ihr Ende führen würde: Wie können die osteuropäischen Staaten nach dem Kollaps wiederaufgebaut werden? Den Untergang der sozialistischen Systeme, die sich gesellschaftlich diskreditiert und wirtschaftlich ruiniert hatten, interpretierte der Westen als Bestätigung für die Überlegenheit des eigenen Modells von Demokratie und Marktwirtschaft. So lag es nahe, dass der Osten nun dem westlichen Vorbild nacheifern und dessen Patentrezepte für Freiheit und Wohlstand auf seine Gesellschaften übertragen sollte.

»Alles wie im Westen«

In der DDR sorgte der Gedanke, dass nach der Revolution eine Kopie der bundesrepublikanischen Ordnung geschaffen werden solle, von Beginn an für atmosphärische Störungen. Denn das war nicht die Aufgabe, die sich die Mehrheit derjenigen, die im Osten Deutschlands aufbegehrt und gegen das Regime aufgestanden waren, zu eigen machte. Mutige Bürger hatten mit ihrem Protest erreicht, dass die DDR, wie sie einmal war, der Vergangenheit angehörte. Sie hatten über viele Jahre gehofft und auf diese Entwicklung hingearbeitet. Endlich hatten sie den Anfang gemacht, nun wollten sie auch die Zukunft in ihren eigenen Händen wissen. Mir ging es genauso. Ich wollte daran mitarbeiten, unser Land neu zu gestalten und besser zu machen. Die Zeit dafür war gekommen.

Die politische Krise hatte sich seit dem 9. November 1989 zusehends verschärft. Die SED agierte immer kopfloser, es war offensichtlich, dass ihr die Dinge entglitten. Die Nervosität in Armee und Staatssicherheit, die ja noch unter Waffen standen, war deutlich zu spüren. Die Öffnung der Mauer hatte den Druck der Straße auf die noch Regierenden nicht gemindert. Die Massenproteste rissen nicht ab. Über allem stand dabei das Motto der DDR-Bürgerbewegung »Keine Gewalt!«, in dem sich die gesellschaftspolitische Reife und Besonnenheit der Opposition widerspiegelte. Auch Ministerpräsident Hans Modrow, der alles tat, um in dieser heiklen Umbruchphase die Situation nicht eskalieren zu lassen, hatte großen Anteil daran, dass es zu keinem Blutvergießen kam.

Am 7. Dezember 1989 tagte zum ersten Mal der nach polnischem Vorbild eingerichtete Zentrale Runde Tisch, an dem sich Vertreter der DDR-Regierung, der Blockparteien, der oppositionellen Bürgerbewegungen und Kirchen zusammensetzten, um über die Zukunft der DDR zu verhandeln. Der Runde Tisch stand für den politischen Machtanspruch der Opposition. Die Vertreter der Bürgergruppen – unter anderen »Demokratischer Aufbruch«, »Demokratie Jetzt«, »Initiative Frieden und Menschenrechte«, »Neues Forum« und »Grüne Liga«, für die ich an diesem Tisch saß – kontrollierten hier als gleichberechtigte Teilnehmer die Regierung von Hans Modrow bis zu den ersten freien Wahlen. Das war Demokratie in Reinform. Ich habe Politik nie wieder so unmittelbar, so vibrierend erlebt wie in diesen Tagen der Debatten am Runden Tisch. Die Parteiendemokratie mit ihren zähen und langwierigen Prozessen, das habe auch ich erst lernen müssen, ist dagegen oft ein eher mühsames Geschäft, aber sie ist eben immer noch das Beste, was wir haben. Gerade in Zeiten von Populismus und wachsender Demokratieverdrossenheit müssen wir uns das immer wieder vor Augen führen.

Das ehrgeizigste Projekt, das wir am Runden Tisch verfolgten, war ein eigener Verfassungsentwurf, der sehr viel Bürgerbeteiligung vorsah. Eine neue gesamtdeutsche Verfassung bot aus unserer Sicht die beste Voraussetzung für ein gleichberechtigtes Zusammengehen der beiden deutschen Staaten. Dazu wollten wir die DDR demokratisch reformieren, die ostdeutschen Angelegenheiten zunächst unter uns Ostdeutschen klären. Das hat oft zu dem Missverständnis geführt, wir seien Einheitsgegner gewesen. Aber wir waren nicht gegen die Einheit, sondern gegen den Beitritt der DDR zur Bundesrepublik Deutschland gemäß Artikel 23 des Grundgesetzes. Wir favorisierten statt-

dessen Artikel 146: Wiedervereinigung erst nach Inkraft-
treten einer gesamtdeutschen Verfassung. Es ging uns um
die Art und Weise, nicht um die Vereinigung selbst.

In der Bevölkerung hingegen begann sich bereits in
den Wochen nach dem 9. November 1989 der Wille nach
einer raschen Vereinigung der beiden deutschen Staaten
abzuzeichnen. Statt »Wir sind das Volk« skandierten immer mehr Menschen auf den Straßen »Wir sind ein Volk«,
und als Helmut Kohl am 19. Dezember vor der Ruine der
Frauenkirche in Dresden sprach, schollen ihm aus der
riesigen Menschenmenge die Rufe »Einheit, Einheit« entgegen. Auf Transparenten war zu lesen »Helmut, nimm
uns an die Hand, führ uns ins Wirtschaftswunderland«.
Natürlich war das alles mehr als verständlich, der dringen-
de Wunsch nach der D-Mark und westlichem Lebensstandard. Doch war in der Bürgerbewegung die Enttäuschung
groß. Wir fühlten uns um unsere Revolution betrogen. In
der Bevölkerung wollte niemand mehr eine demokratische
Erneuerung der DDR – man wollte keine Experimente,
sondern klare Verhältnisse und Wohlstand.

Die Bürgerbewegungen haben den Stimmungswandel
in ihrer Revolutionseuphorie größtenteils gar nicht reali-
siert. Wir waren noch mit dem Slogan »Kein Anschluss
unter dieser Nummer!« in Anspielung auf Artikel 23 in
die Wahlen zur Volkskammer gezogen und wurden am
18. März 1990 unsanft aus unseren Träumen gerissen.
Noch im Dezember hatten die Oppositionsgruppen laut
Umfragen mehr als die Hälfte der Bevölkerung hinter
sich. Am Wahltag kamen die im Bündnis 90 zusammengeschlossenen Bürgerbewegungen und die Grüne Partei,
für die ich kandidierte, zusammen auf gerade einmal
4,9 Prozent. Helmut Kohls »Allianz für Deutschland« trug
mit 48 Prozent der Stimmen den klaren Sieg davon. Die

erste und gleichzeitig letzte freie Volkskammerwahl war zu einem Plebiszit für den Beitritt der DDR zur Bundesrepublik Deutschland geworden. Die Opposition war von kleinen Bürgergruppen am Rand der Gesellschaft – nicht von der breiten Mitte – ausgegangen, sie hatte ihr Land, die DDR, verändern, es demokratischer, freier und lebenswerter machen wollen, und sie hatte zwischenzeitlich viel erreicht. Nun war sie wieder da angelangt, wo sie angefangen hatte: am Rand. Damit begannen, so die Analyse von Ilko-Sascha Kowalczuk, auch die »Irritationen im Osten«: »Nie hat jemand jene gezählt, die 1989 nicht mitmachten. Es war die Mehrheit. Bei den Wahlen am 18. März 1990 gewannen jene, die die einfachsten Lösungen versprachen. Heute nennt man das Populismus.«[19]

Die Irritationen verstärkten sich, als nach der Volkskammerwahl die Westdeutschen kamen und mit dem »Aufbau Ost« begannen. Der Osten sollte rasch wie der Westen werden. Über die richtige Vorgehensweise herrschte bei den Aufbauhelfern kein Zweifel: Im Osten hatte sich von nun an so gut wie alles zu ändern; der Westen hingegen konnte so bleiben, wie er war. Helmut Kohl brachte das in seinen beiden Einheitsversprechen zum Ausdruck, der Verheißung von den »blühenden Landschaften« in Ostdeutschland und der Zusage an die Westdeutschen »Keiner wird wegen der Vereinigung Deutschlands auf etwas verzichten müssen«. Und Wolfgang Schäuble, damals Bundesinnenminister, stellte die Kräfteverhältnisse zwischen der DDR und der Bundesrepublik klar: »Hier findet nicht die Vereinigung zweier gleicher Staaten statt. Wir fangen nicht ganz von vorn bei gleichberechtigten Ausgangspositionen an.« Natürlich hatte er damit recht. Die kleine DDR war mit ihrer widersinnigen Staats- und Wirtschaftsordnung gescheitert, nicht die viel größere Bundesrepublik, die mit

Demokratie und sozialer Marktwirtschaft ihren Bürgerinnen und Bürgern Freiheit und Wohlstand gebracht hatte. Aus dieser Logik heraus erklärte sich die Faustregel des »Aufbaus Ost«: Die Institutionen aus dem Westen werden übernommen, die aus dem Osten abgewickelt. Das hat zu Frustrationen geführt, deren Auswirkungen wir bis heute in den neuen Bundesländern spüren.

III. Nach dem Rausch der Kater

Ernüchterungen und Verluste

Der Westen war am Ende der Geschichte angelangt. Im Osten raste seit dem Herbst 1989 die Zeit noch immer ohne Pause. Das Leben in der DDR glich weiter einer Achterbahnfahrt, von der man nicht wusste, was einen nach der nächsten Kurve erwarten und wann sie vorüber sein würde – und ähnlich verliefen in diesen bewegten Monaten auch politische Laufbahnen. Als Vertreter der Bürgerbewegung am Runden Tisch war ich, ohne bis dahin einen vernünftigen Anzug zu besitzen, Minister in der von Hans Modrow angeführten »Regierung der nationalen Verantwortung« geworden, die von Februar bis April amtierte.

Die Revolutionsbegeisterung der Bürgerbewegung war seit dem 18. März verflogen. Das mehr als eindeutige Wählervotum hatte uns auf den Boden der Tatsachen zurückgeholt. Wir mussten uns eingestehen, dass unsere ziemlich romantische Vorstellung einer demokratischen Erneuerung der DDR von innen, aus der eigenen Gesellschaft heraus, wohl eine Illusion war. Nun hatten wir, wenn wir unser neues Land mitgestalten wollten, die neuen Realitäten zu akzeptieren.

Am 1. Juli 1990 trat die Währungs-, Wirtschafts- und Sozialunion in Kraft, am 3. Oktober folgte der Beitritt der DDR zur Bundesrepublik Deutschland. Ich gehörte zu den 144 Abgeordneten der Volkskammer, die nach der Vereinigung für kurze Zeit in den Bundestag in Bonn einzogen – in eine andere Welt. Während sich bei uns die Ereignisse überschlugen, die Geschichte jeden Tag neu geschrieben wurde, ging in der alten Hauptstadt am gemächlich dahinfließenden Rhein alles seinen gewohnten Gang. Was es mit der Rede vom »Raumschiff Bonn« auf sich hatte, begriff ich sehr gut. Unser Land gab es nicht mehr, in unserem Zuhause wurde gerade das Unterste zuoberst gekehrt – hier war von alledem nichts zu spüren. Eine fast schon beängstigend intakte Welt. Die grundstürzenden Umwälzungen, die nicht nur den Osten Deutschlands, sondern ganz Europas erfasst hatten, schienen den Westen ungerührt zu lassen. Für ihn war es ausgemachte Sache, dass sich fortan nicht er, sondern der andere zu wandeln hätte. Das ließ sich auch an der Terminologie für die Länder ostwärts der einstigen Systemgrenze ablesen: Sie, und nur sie, wurden nun als »Transformationsländer« bezeichnet.

Für die ostdeutsche Bevölkerung bedeutete »Transformation« die völlige Umstellung ihres gesamten bisherigen Lebens. Kein Stein sollte auf dem anderen bleiben. Bis auf die Uhrzeit und die vier Jahreszeiten, so empfanden es die Menschen, änderte sich in ihrer Heimat alles. Dass die alte Bundesrepublik von der epochalen Wende so unangetastet blieb, war kaum zu begreifen. Schon im zweiten Jahr der Einheit schien dem renommierten Berliner Soziologen Wolf Lepenies ein Paradoxon das rhetorische Mittel der Wahl, um die deutschen Zustände zu beschreiben: »Womit wir es – vor allem im Westen – zu tun haben, ist die Folgenlosigkeit einer unerhörten Begebenheit.«[20] Die Auffassung, dass sich der Osten ändern musste, während der Westen so bleiben konnte, wie er war, bedeutete letztlich nichts anderes, darauf hat der Historiker Philipp Ther sehr scharfsinnig aufmerksam gemacht, als eine »Eindämmung der Revolutionen von 1989« – was nirgendwo in Europa so spürbar war wie im Osten des sich vereinigenden Deutschlands.[21]

Auf der Strecke blieben die Bürgerbewegung und ihre Protagonisten, etwa die Gründungsmitglieder des »Neuen Forums« Bärbel Bohley, Katja Havemann, Jens Reich oder Reinhard Schult, sowie deren Vorstellungen von einem freien und demokratischen Land, von Mitbestimmung und Gerechtigkeit, wie sie im Verfassungsentwurf des Runden Tisches zum Ausdruck kamen. Sie sollten für die Entwicklung des gesamtdeutschen Gemeinwesens keine wesentliche Rolle mehr spielen.

In der politischen und ökonomischen Machtasymmetrie zwischen den beiden deutschen Teilstaaten war das Ergebnis der Systemkonkurrenz von liberaler Demokratie und Kommunismus wie in einem Brennglas gebündelt: Das westliche Modell hatte die Oberhand behalten. Es stand außer Frage, wer Koch und wer Kellner war.

Im März 2019 war auf dem Festival »Palast der Republik« in Berlin unter dem Titel »Sturzlage« das Mobiliar zu besichtigen, das als treffendes Symbol für den Sieg der Bürgerbewegung und der Massenproteste über das Regime gelten darf: Tische und Stühle vom Zentralen Runden Tisch der DDR. Die Berliner Kunsthistorikerin Gabriele Dolff-Bonekämper hatte die Möbelstücke im Jahr zuvor in Pankow aufgestöbert, wo der Runde Tisch ab Dezember 1989 tagte. Sie waren in einem Abstellraum im ungenutzten Seitenflügel des ehemaligen DDR-Gästehauses bei Schloss Schönhausen in Vergessenheit geraten – ineinander- und übereinandergestapelt, voller Staub und Spinnweben. Das weggeräumte Ensemble ist geradezu ein Sinnbild für den Umgang mit der Erfahrung und der Geschichte der Bürgerbewegung. Dieses ostdeutsche politische Erbe liegt begraben unter den gängigen Schilderungen vom Untergang der DDR, vom Fall der Mauer und der Vereinigung der beiden deutschen Staaten, die die

Wendechroniken erzählen. Ich meine, wir sollten sensibler mit der Vergangenheit der DDR umgehen, denn auch sie gehört zu unserer deutschen Geschichte. Aus diesem Grund hätte ich auch gern gesehen, dass der Palast der Republik erhalten worden wäre als jener Ort, an dem die letzte, nun frei gewählte Volkskammer tagte und den Beschluss fasste, das eigene Land abzuschaffen. In welchem Parlament hat es das jemals gegeben?

Übrigens: Der polnische Runde Tisch, der Pate stand für die Verhandlungen von Opposition und Regierung in der DDR, ist noch heute im Original an seinem historischen Standort zu besichtigen. Er steht im Präsidentenpalast in Warschau. Zum dreißigsten Jahrestag der Aufnahme der Gespräche lud Präsident Andrzej Duda im Februar 2019 die polnischen Bürgerinnen und Bürger dorthin ein.

Binnen weniger Monate kollabierte nach der Vereinigung fast die gesamte ostdeutsche Wirtschaft. Was die Menschen in dieser Zeit erlebten, war kein Umbruch, es war ein Zusammenbruch. Ich habe diesen in Brandenburg ab November 1990 als Umweltminister miterlebt, als die ständige Frage im Kabinett lautete: Wer fährt zu welcher Betriebsstilllegung? In der Lausitz, in Senftenberg habe ich vor Tausenden Bergarbeitern gestanden und konnte ihnen nicht einmal mehr Hoffnung machen, worum Politik doch immer bemüht sein muss. Neue Arbeitsplätze, das war jedem klar, würde es in der Region so bald nicht geben. Was blieb anderes zu sagen als »Geht, wenn ihr eine Zukunft haben wollt!«?

Kein anderes Land im ehemaligen Ostblock war einem derart vehementen Transformationsprozess ausgesetzt wie die DDR – ein Resultat zum einen der Währungsunion, zum anderen der Wiedervereinigung im Jahr 1990.

64

Infolge dieser »doppelten Schocktherapie«, wie es Philipp Ther ausdrückt, gab es für die ostdeutsche Ökonomie »keinerlei Schonfrist«.[22] Die Wirtschaftsleistung brach so stark ein wie in keinem anderen postkommunistischen Land im Europa der Neunzigerjahre. Innerhalb von nur zwei Jahren ging die Industrieproduktion um fast 75 Prozent im Vergleich zu 1989 zurück. Nur im vom Krieg verwüsteten Bosnien und Herzegowina gab es einen ähnlich tiefen Absturz. 80 Prozent der Menschen verloren durch die massive Deindustrialisierung in den fünf Jahren nach der Wende vorübergehend oder dauerhaft ihren Arbeitsplatz. In vielen Regionen lag die Arbeitslosenquote bei 30 bis 40 Prozent. In der ersten Hälfte der Neunzigerjahre sank die Geburtenrate in Ostdeutschland auf 0,8 Kinder pro Frau. Hätte die DDR noch als Staat existiert, wäre das ein Rekord gewesen: die niedrigste je in einem Land registrierte Geburtenziffer.

Fast 1,5 Millionen Menschen verließen in den ersten Jahren nach der Wiedervereinigung den Osten, was übrigens das Argument, die Einheit habe schnell vollzogen werden müssen, um einen Exodus der DDR-Bürger zu verhindern, in großen Teilen entkräftet. Gegangen sind die, die es sich zutrauten: mobile, gebildete und gut ausgebildete Menschen, vor allem junge Frauen – also die, die für den Neuanfang am nötigsten gebraucht wurden. In der Folge überalterten zahlreiche Orte, besonders auf dem Land. Viele Regionen in Ostdeutschland sind heute in einer Abwärtsspirale gefangen und drohen auf Dauer abgehängt zu werden. Junge wandern kaum zu. Die nach der Wende ausgedünnte Infrastruktur – Schulen und Krankenhäuser, Freizeit- und Kultureinrichtungen, Geschäfte und Gastronomie, Busse und Bahnen – lichtet sich weiter. Ganze Landstriche beginnen zu verwaisen.

In der Lausitz, in Vorpommern oder in der Altmark erzählen die älteren Menschen, die in ihren Dörfern geblieben sind, häufig sehr ähnliche Geschichten von Einsamkeit und Armut: Die Kinder haben nach der Wende weit weg von zu Hause Arbeit gefunden und kommen nur noch zu Ostern oder zu Weihnachten, die eigene Rente ist wegen der unterbrochenen Arbeitsbiografie klein, und gerade hat der letzte Lebensmittelmarkt oder die letzte Arztpraxis zugemacht, der Zug fährt schon lang nicht mehr, der Bus nur noch unregelmäßig.

Die Auswirkungen des Aderlasses der Nachwendezeit werden, durch den demografischen Wandel und Schrumpfungstendenzen im ländlichen Raum noch verstärkt, auf sehr lange Zeit spürbar bleiben – auch in den Seelen der Menschen.

Psychische Wirkungen

Den »Aufbau Ost« haben viele in der ostdeutschen Bevölkerung als das wahrgenommen, was er de facto auch war:
ein »Abbau Ost«. Die mit der Demontage in den neuen
Ländern einhergehenden Verlusterfahrungen bringen viele Menschen im Osten bis heute mit dem Regiewechsel
nach der Vereinigung in Verbindung, mit jener Zeit, als
Westdeutsche kamen, um in den neuen Ländern für eine
neue Ordnung zu sorgen. Das wurde damals oft geradezu
als Landnahme empfunden. In der Zeit nach der Wende
kursierte in Ostdeutschland ein bissiger Brief Theodor
Storms, der, 1867 nach der Einverleibung der Herzogtü-
mer Schleswig und Holstein durch Preußen verfasst, wie
eine Zustandsbeschreibung der Situation im Beitrittsgebiet
gelesen wurde. Storm nämlich beklagte in seinem Schreiben, dass die preußischen Herren ihre neuen Bürger »wie
einen besiegten Stamm behandeln, indem sie die wichtigsten Einrichtungen, ohne uns zu fragen, hier über den
Haufen werfen und andere dafür oktroyieren ... Obwohl
Preußen – ... weil wir zum geistigen Leben der Nation ein
so großes Kontingent gestellt wie nur irgendein Teil von
Preußen – alle Ursache zu bescheidenem Auftreten bei uns
hat, so kommt doch jeder Kerl von dort mit der Miene des
kleinen persönlichen Eroberers und als müsse er uns erst
die höhere Weisheit bringen. ... Auf diese Weise einigt man
Deutschland nicht.«[23] Vielen Ostlern kam das bekannt vor.
Aus ihrer Sicht ließen es so manche Westdeutsche, die in
Politik und Verwaltung den Aufbau organisierten, an Respekt und Einfühlungsvermögen vermissen.

Die Helfer aus dem Westen aber kamen in dem Bewusstsein, alles ganz sicher besser zu wissen, und meinten es gewiss auch fast immer gut. Das Scheitern der DDR hatte die Überlegenheit des bundesrepublikanischen Wirtschafts- und Gesellschaftsmodells zweifelsfrei bestätigt, und die Menschen im Osten hatten dieses sehnsüchtig herbeigewünscht. Die Westler fragten sich, warum nun viele dort gereizt reagierten, als sie ihre bewährten Instrumente, ihre Institutionen und nicht zuletzt ihr Geld ins Land brachten, um mit all ihrer Erfahrung und Kompetenz das neue System an die Stelle des alten zu setzen. Sie empfanden die Ostdeutschen oft als undankbar.

Die Menschen im Osten aber fühlten sich einfach ohne Haus und Heimat. Sie fanden sich gleichsam über Nacht in einem neuen System, in einer neuen Lebenswelt, in einem neuen Alltag wieder – ohne Haltegriffe. Wenn der Schwächere in eine größere und stärkere Gemeinschaft aufgenommen wird, sollte man ihn etwas von zu Hause mitnehmen lassen – einige Dinge, die ihm vertraut sind; einige Strukturen, die ihm Orientierung bieten; etwas, woran er sich festhalten kann. Er sollte aus seiner Heimat nicht nackt in die neue Gesellschaft kommen müssen. Die Ostdeutschen durften nichts mit hinübernehmen. Sie fragten sich: War alles, was wir in unserem Land gemacht haben, nur Unsinn? Waren wir etwa alle doof? Manches war doch durchaus bewahrenswert – gute und sinnvolle Lösungen wie Regelungen zur Gleichstellung der Frauen, Ganztagsschulen, Kinderbetreuung oder etwa die Polikliniken, die inzwischen, wohlgemerkt unter anderem Namen, nämlich als Medizinische Versorgungszentren, ihren festen Platz im gesamtdeutschen Gesundheitswesen haben. Auch der Verfassungsentwurf des Runden Tisches blieb ungelesen, obwohl eine neue gesamtdeutsche Verfassung ein gutes Symbol für einen gemeinsamen Anfang unter einem neuen Dach gewesen wäre. »Überheblichkeit kommt in der Überzeugung zum Ausdruck«, hielt Wolf Lepenies seinerzeit fest, »die DDR sei nun einmal ein totalitärer Staat gewesen, und daher biete der Osten ... in keinem Bereich der Politik, in keiner Sparte der Lebenswelt ... eine Alternative, über die im ganzen Deutschland ernsthaft nachzudenken sich lohne.«[24] Im Osten produzierte die gänzlich einseitige Adaption ein Gefühl der Minderwertigkeit, der mangelnden Wertschätzung. Bei der Abwicklung der ostdeutschen Institutionen und Strukturen wurde eben immer das Selbstwertgefühl der Ostdeutschen mit abgebaut.

Auf eine weitere Besonderheit des Transformationsprozesses in Ostdeutschland, die die ungleichen Kräfteverhältnisse zwischen den beiden ehemaligen deutschen Staaten reflektiert und auch zu anhaltenden inneren Spannungen im vereinigten Deutschland führte, hat Ivan Krastev hingewiesen. Revolutionen, wie die Bürger der DDR eine gemacht haben, führen in der Regel zu einem Elitenwechsel. Dieser hat im Osten auch stattgefunden, aber auf eine ganz spezifische Weise: »Fährt man durch Ostdeutschland, hört man immer noch die Geschichten, wie damals die Westdeutschen das Land übernahmen, die wichtigsten Jobs bekamen, in Unternehmen, in der Verwaltung, im Regierungsapparat. Hier ... gab es eine Revolution, die zum Austausch der Eliten führte. Dummerweise ohne Beteiligung der Ostdeutschen.«[25]

Die schwere Transformationskrise der Neunzigerjahre gehört zu den exklusiv ostdeutschen Erfahrungen. Im Westen hat nach 1945 keine Generation auch nur annähernd so dramatische Verwerfungen erlebt. Und bis heute, so meine ich, gehört der wirtschaftliche Zusammenbruch mit den tiefen Wunden, die er in der ostdeutschen Gesellschaft geschlagen hat, zu den Geschichten der Nachwendezeit, die im Westen nicht vollständig erzählt, geschweige denn verstanden worden sind. Zusammen mit den Abwertungs- und Ausgrenzungserlebnissen, der fehlenden Anerkennung und den seelischen Kränkungen, bilden diese Geschichten einen kollektiven ostdeutschen Erfahrungskomplex. Vor dem Hintergrund einer untergegangenen Lebenswelt formierte sich erst eine eigene ostdeutsche Selbstwahrnehmung, eine »DDR-Identität nach dem Tode der DDR«, wie es Jens Reich ausgedrückt hat.

Wenn der Transformationsprozess von großen Teilen der Bevölkerung so wahrgenommen wird, als sei ihnen der Boden unter den Füßen weggezogen worden, dann hinterlässt das Spuren. Wie für den Einzelnen ist auch für menschliche Gesellschaften Resilienz keine unerschöpfliche Ressource. Brüche, wie sie die Ostdeutschen durchlebten, machen Menschen ängstlicher und unsicherer. Das kann zumindest im Ansatz eine Erklärung dafür sein, dass in Teilen der Bevölkerung das Vertrauen in den Staat und seine demokratischen Institutionen – in Regierung, Parlament und die etablierten Parteien – schwindet, dass Frustration und auch Wut zunehmen. Im Osten haben die rechtsnationalen Populisten, die diese Emotionen aufgreifen und zusätzlich schüren, heute mehr Zulauf als im Westen. Wenn wir verstehen wollen, warum der Ost-West-Gegensatz in unserem Land bis heute spürbar bleibt und zum Teil auch wieder spürbarer wird, müssen wir immer auch auf die ostdeutsche Vergangenheit zurückblicken.

Verstehen und verstanden werden

Die ungesunde Spaltung, die uns in Deutschland viel Kraft kostet und viele Potenziale nimmt, können wir nur im beiderseitigen Gespräch überwinden. In diesem Ost-West-Dialog müssen die zu wenig erzählten und vor allem in der westdeutschen Gesellschaft zu wenig gehörten Geschichten, sowohl die aus der DDR als auch die hinter der Zäsur von 1989, einen Platz finden. Denn es gab eben nicht nur die positiven Aufbruchserfahrungen, die friedliche Revolution und den Mauerfall, sondern auch die im vereinigten Deutschland schockartig über die Menschen einbrechenden Abbruchserfahrungen – den nie wieder aufgeholten Industrieabbau, Arbeitslosigkeit und Abwanderung. Die ostdeutschen Erinnerungen an die frühen Neunzigerjahre sollten endlich Eingang in eine gemeinsame Erzählung von Wende und Wiedervereinigung finden, denn auch sie sind Teil unserer Vergangenheit. Anzeichen dafür gibt es. Ich war sehr froh über die klaren Worte von Bundespräsident Frank-Walter Steinmeier zum Tag der Deutschen Einheit 2017: »Wenn ein Ostdeutscher erzählt, wie seine Heimat in der DDR sich nach der Wende radikal verändert hat – dass die neue Freiheit nicht nur Ziel von Sehnsucht, sondern auch eine Zumutung war, dass im Wandel vieles verloren ging, was man doch halten wollte –, dann gehört auch das zu unseren deutschen Geschichten. ... Ostdeutsche haben nach der Wiedervereinigung Brüche erlebt, wie sie meine Generation im Westen nie kannte. Und dennoch sind diese ostdeutschen Geschichten kein solch fester Bestandteil unseres ›Wir‹ geworden wie die des Westens. Ich finde, es ist an der Zeit, dass sie es werden.«

Vielleicht ist nun endlich die Zeit auch reif für Geschichten aus der DDR, die nicht nur von Gut und Böse, von Tätern und Opfern erzählen, sondern auch von den vielfältigen menschlichen Zwischentönen eines Lebens im Osten. Auch dafür gibt es Anzeichen. Zum Beispiel, dass *Gundermann* beim Deutschen Filmpreis 2019 als bester Spielfilm ausgezeichnet wurde. In der Geschichte des vom Sozialismus überzeugten Baggerfahrers und Liedermachers Gerhard Gundermann, der auch für die Stasi arbeitete, kommt die ganze Ambivalenz einer ostdeutschen Existenz sehr deutlich und differenziert zum Ausdruck. Regisseur Andreas Dresen und Drehbuchautorin Laila Stieler haben die Geschichte Gundermanns auch deshalb für das Kino erzählt, weil sie die Deutungshoheit über das, was die Menschen in der DDR erlebt haben, nicht denen überlassen wollen, die es nicht erlebt haben.[26] Die Rückeroberung der Souveränität über die eigenen Erfahrungen ist, so meine ich, ein wichtiger Schritt auf dem Weg zu einem neuen Selbstgefühl der ostdeutschen Gesellschaft. Die Menschen müssen beginnen, sich selbstbewusst ihre Geschichte zu vergegenwärtigen, um sich darüber klar zu werden, wie viel sie doch in den zurückliegenden Jahrzehnten geschafft haben. Sie zwangen das SED-Regime in die Knie, sie mussten sich in einer über Nacht gewandelten Welt immer wieder neu erfinden und legten dabei viel Kreativität und Flexibilität an den Tag. Viele erlitten Rückschläge, standen wieder auf, begannen neue Karrieren und erlernten neue Berufe. Die Ostdeutschen haben große Umbrüche gemeistert, sie haben beileibe keinen Anlass, sich klein zu machen. Es ist an der Zeit, dass die Menschen im Osten sich selbst Anerkennung geben und ihre eigenen Erlebnisse und Erfahrungen als das würdigen, was sie waren und bleiben: beeindruckende Lebensleistungen.

Und zu guter Letzt ist es auch ein positives Zeichen, dass die Bundesregierung mit der von ihr eingesetzten Kommission »30 Jahre Friedliche Revolution und Deutsche Einheit« die Jahrestage von Mauerfall und Wiedervereinigung 2019 und 2020 nutzt, um bei Ostdeutschen und Westdeutschen das Verständnis füreinander zu fördern – durch mehr Begegnung, mehr Austausch und Debatte. Ein Schwerpunkt liegt dabei auf den Brüchen, die die ostdeutsche Gesellschaft zu verkraften hatte. Auch wenn nicht alle Bürgerinnen und Bürger heute gleichermaßen zufrieden mit den Ergebnissen der deutschen Einheit sind – und vielleicht auch nicht zufrieden sein können: Wir sollten nicht aus dem Blick verlieren, dass die Deutschen nach dem Kollaps der DDR mit vereinten Kräften wahre Herkulesaufgaben bewältigt haben. Sie haben, jeder für sich und alle gemeinsam, enorme Leistungen für das Zusammenwachsen der beiden deutschen Staaten erbracht. Und diese Leistungen müssen wir einander im gegenseitigen Dialog verständlich machen und gemeinsam würdigen.

Osteuropäische Traumata

Die Erfahrungen aus dem Umbruchprozess in Ostdeutschland bleiben in unserer sich rasch wandelnden Gegenwart auch über die Grenzen unseres Landes hinaus aufschlussreich. Sie können helfen, den Ost-West-Antagonismus, der Europa und die Welt in neuer Gestalt wieder erfasst hat, besser zu verstehen. Der ostdeutsche Erfahrungsschatz ermöglicht auch Einsichten in die tiefer liegenden, vielleicht nur dem »Eingeweihten« verständlichen Zusammenhänge des Konflikts. »Der Westen muss versuchen, den Osten zu verstehen«, mahnte unlängst der Bulgare Ivan Krastev, »um die Komplexität zu begreifen, warum so viele Menschen im Osten das Gleiche sagen« – Ostdeutsche, Osteuropäer und auch Russen.[27] Miteinander zu reden und denen zuzuhören, die über eigene Erfahrungen verfügen, kann dabei sehr hilfreich sein.

Die Geschwindigkeit, mit der der Ost-West-Gegensatz in Europa und der Welt wieder an Kontur gewonnen hat, und die Wucht, mit der er seine schädliche Wirkung entfaltet, machen Angst. Zwischen Russland und dem Westen ist die Kluft mittlerweile so tief wie seit den Zeiten der Systemkonfrontation nicht mehr. Die einstige Supermacht ist unter Wladimir Putin wiedererstarkt und machtbewusst in die internationale Arena zurückgekehrt. Russland ist patriotischer und autoritärer geworden. Die sogenannte »gelenkte Demokratie«, für die der russische Präsident weiterhin die Zustimmung großer Teile der Bevölkerung genießt, weist autokratische Züge auf. Die Beziehungen zwischen Russland und dem Westen haben sich seit Putins Amtsantritt verschlechtert, seit der Krise in der Ukraine sind sie vollends zerrüttet. Die Konfrontation hat sich in den vergangenen Jahren verfestigt und birgt ein erhebliches militärisches Eskalationsrisiko. Die existenzielle Bedeutung des Verhältnisses zu unserem östlichen Nachbarn ist für uns heute wieder deutlich zu spüren.

Auch in den postkommunistischen Gesellschaften im früheren Machtbereich der Sowjetunion beobachten wir zum Teil ähnliche Entwicklungen wie im einstigen Zentrum. In Ost- und Südosteuropa werden demokratische Grundprinzipien von rechtspopulistischen Parteien mitunter offen infrage gestellt. Unter dem Dach der sich als Wertegemeinschaft verstehenden Europäischen Union entfernen sich östliche und westliche Staaten wieder voneinander. Europa ist heute gespalten. Mit Jarosław Kaczyńskis PiS und Viktor Orbáns Fidesz sind in Polen und Ungarn inzwischen nationalkonservative, europa- und migrationskritische Parteien die politisch stärksten, bestimmenden Kräfte. Auch sie haben beträchtlichen Rückhalt in der Bevölkerung. Bei der Europawahl 2019 erhielten die sich für eine »illiberale Demokratie« stark machenden Parteien PiS 45 Prozent und Fidesz 52 Prozent der Wählerstimmen.

Unter den Transformationsländern im Osten war die ehemalige Sowjetunion das Land, in dem die Menschen die bei Weitem dramatischsten Erfahrungen mit den wirtschaftlichen und politischen Reformen der Neunzigerjahre gemacht haben. Die sozialen Auswirkungen und Härten in Ostmitteleuropa hielten sich im Vergleich doch eher in Grenzen. Im Westen – auch das ist eine Parallele zu dem, was die Ostdeutschen erlebt haben – sind die russischen Erfahrungen kaum gehört und in ihren weitreichenden Konsequenzen nicht annähernd verstanden worden. Die leidvollen Erlebnisse der Menschen in den Anfängen von Demokratie und Marktwirtschaft im nachsowjetischen Russland verblassten hinter den Erzählungen vom Sieg der Freiheit im diktatorischen Großimperium. Bis heute stehen in Ost und West zwei völlig verschiedene Interpretationen der Geschichte vom Ende der alten und Beginn der neuen Ära in Russland unvereinbar nebeneinander. Wir haben es gewissermaßen mit zwei sich widersprechenden Gründungsmythen zu tun – einem negativen und einem positiven.

»Alles war für die Ewigkeit, bis es vorüber war«, lautet der vielsagende Titel einer Studie des in Leningrad aufgewachsenen, heute im kalifornischen Berkeley lehrenden Anthropologen Alexei Yurchak über die beiden letzten Jahrzehnte der UdSSR. Er bringt damit so etwas wie ein Lebensgefühl von Millionen Menschen in der Sowjetunion auf den Punkt: Für die sowjetischen Bürgerinnen und Bürger war es einfach undenkbar, dass sich in ihrem Land einmal wirklich etwas verändern würde, ganz zu schweigen davon, dass die Sowjetunion eines Tages von der Weltkarte verschwinden könnte. Als sich zum Jahresende 1991 das sowjetische Imperium auflöste, als die Supermacht still und leise – ohne äußere Einwirkung, ohne Aufruhr, ohne Gewalt – unterging, wurde die Gewissheit, in einem »ewigen Staat« zu leben, jäh erschüttert. Die Erfahrung, dass dieser Staat einfach aufhörte zu existieren, prägt seither die russische Gesellschaft. Von einem postimperialen Phantomschmerz ist die Rede, an dem Russland leidet – eine versehrte Supermacht, die ihren Status verloren hat. Geblieben ist ein Gefühl der Demütigung und der Minderwertigkeit. Der amerikanische Präsident Barack Obama hat 2014 mit seinem höhnischen Seitenhieb, Russland sei eben nur noch eine »Regionalmacht«, genau in diese Kerbe geschlagen.

Das erste Jahrzehnt nach der Auflösung der Sowjetunion unter Boris Jelzin, dem ersten demokratisch gewählten Präsidenten, ist den Menschen als eine Zeit von Chaos und Elend in Erinnerung geblieben. Die »Schocktherapie« nach neoliberalem Rezept, die Jelzins junger Wirtschaftsreformer Jegor Gajdar dem Land für den Übergang von der Plan- zur Marktwirtschaft verordnete, erwies sich für sehr viele Russen schmerzhafter als die Leiden, die sie aus der Sowjetzeit zur Genüge kannten. Die Preise stiegen, die Arbeitslosigkeit schoss in die Höhe, Renten und Gehälter blieben immer öfter aus. Die russische Wirtschaft ging in die Knie, Sozial- und Gesundheitssystem brachen zusammen. Die Inflationsrate erreichte schwindelerregende Höhen. Im August 1998 erklärte der russische Staat seine Zahlungsunfähigkeit, der folgende Rubel-Crash brachte viele Menschen um ihre Sparguthaben. Im Zeitraum von 1991 bis 1994 sank die Lebenserwartung der Russen um fünf Jahre auf ein Durchschnittsalter von siebenundfünfzig Jahren – der niedrigste Wert in den Industrienationen. Russland war auf dem Tiefpunkt, und die Menschen empfanden das als Erniedrigung.

Der schwedische Wirtschaftswissenschaftler Anders Åslund hat errechnet, dass in den Neunzigerjahren die Wirtschaftskraft und der Lebensstandard in Russland noch stärker einbrachen als in den Vereinigten Staaten während der Weltwirtschaftskrise nach dem New Yorker Börsencrash von 1929.[28] Viele Deutsche werden sich noch gut an die Bilder aus Russland erinnern: die Schlangen vor den Banken, die alten Menschen, die auf die Auszahlung ihrer Rente warteten, die notleidenden Familien und bettelnden Menschen in den Straßen und Metrostationen der russischen Hauptstadt. Die Hilfsbereitschaft der deutschen Bürgerinnen und Bürger war groß – es gab Spendenaktionen, aus vielen Orten machten sich Hilfskonvois mit Lebensmitteln und Kleidung auf den Weg, häufig ging die Fahrt in die russischen Partnerstädte oder -gemeinden.

Während viele Russen bittere Not litten, kamen andere im Land zu ungeheurem Reichtum. Die hastige, ungeordnete Privatisierung der staatlichen Betriebe in den Neunzigerjahren nutzte eine kleine Schicht, um sich große Vermögen anzueignen – die Oligarchen waren geboren. Einige dieser Profiteure gehörten bald zur sogenannten »Familie«, dem engsten Kreis um Präsident Jelzin, und begannen die Politik in ihrem Interesse zu beeinflussen. Auch das organisierte Verbrechen gedieh in den Jelzin-Jahren wie nie zuvor. Verteilungskriege zwischen den Banden, Schutzgelderpressung, Entführung und Mord gehörten zum Alltag; die staatliche Autorität verfiel zusehends. Es überrascht nicht, dass die Menschen das Vertrauen in die Führung und ihren Reformkurs vollends verloren.

Diese traumatischen Erfahrungen von Niedergang und existenzieller Not sind in den Köpfen der meisten russischen Menschen bis heute mit den Begriffen Demokratie und Marktwirtschaft verbunden, mit der Übertragung des Systems des Westens auf den Osten nach dem Ende des Sowjetstaats. Seit den Wirren der Jelzin-Ära haben für die Mehrheit der Bevölkerung daher Ordnung und Stabilität oberste Priorität – ein intakter, starker Staat, eine funktionierende Wirtschaft und soziale Sicherheit. In den Augen der meisten Russen hat Wladimir Putin, der im Jahr 2000 Präsident Jelzin beerbte, seinem Land genau das gebracht. Er hat die Macht der Oligarchen beschnitten, die Kriminalität eingedämmt, die Wirtschaft in Gang gebracht und dafür gesorgt, dass Renten und Gehälter wieder pünktlich ausgezahlt wurden. Nicht zuletzt auch, so die Meinung vieler Russen, hat er ihnen nach den Demütigungen der Neunzigerjahre ihre Würde und ihr Selbstbewusstsein wiedergegeben und ihr Land als Weltmacht zurück in die internationale Politik geführt.

»Wenn russische Intellektuelle beim Rückblick auf die Neunzigerjahre sich heute vor allem an die damalige Freiheit erinnern und nicht an die elementare Not der Mehrheit ihrer Landsleute, so spricht daraus schlicht Verantwortungslosigkeit«, beklagte unlängst der in der Schweiz lebende russische Dichter Sergej Sawjalow.[29] Sein Urteil weist darauf hin, wie sehr der Blick auf das Gegenüber verzerrt wird, wenn man, wie die geistige und kulturelle Elite, in anderen Zusammenhängen denkt und lebt. Es muss daher nicht allzu sehr erstaunen, dass im Westen das Ende der Sowjetunion und die Regierungszeiten der Präsidenten Gorbatschow und Jelzin anders als in Russland erinnert und oft geradezu gegenläufig gedeutet werden. Die »wilden Neunziger« werden dann verklärt als Jahre der »Experimentierfreudigkeit, Unberechenbarkeit, Offenheit, Streitfreudigkeit«.[30] Aus der existenziellen Not der Menschen in den Jelzin-Jahren wird eine westliche Tugend: die Chance für Eigeninitiative und »ungeheuer reiche und vielfältige Selbsttätigkeit« – im Fall der Dekanin des mathematischen Instituts etwa, die zur Bäuerin wird, um über den Winter zu kommen, oder des Chefarztes, der Landwirtschaft betreibt, um seine Familie durchzubringen.[31] Wenn man wie die Deutschen lebt, wenn man »den langen Weg nach Westen« (Heinrich August Winkler) erfolgreich hinter sich gebracht hat, blickt man eben mit anderen Augen auf das Leben und Leiden der Menschen, die sich in den Neunzigern weit weg im Osten auf diesen Weg begaben – und selbst ganz anders empfanden.

Die Sowjetunion, so die gängige Erklärung im Westen für deren Ende, war ausgangs der Achtzigerjahre in einer existenziellen Krise. Immer offener trat zutage, dass der Sozialismus versagt hatte – in der Bevölkerung glaubte kaum noch jemand an das kommunistische Konzept. Die Wirtschaft der Vereinigten Staaten war leistungsfähiger, der Wohlstand der Menschen größer, und schließlich hatte das Wettrüsten, vor allem die Schlussoffensive – Ronald Reagans »Star Wars«-Programm – die Sowjetunion an den Rand des Ruins gedrängt. Das kapitalistische hatte sich als das überlegene System erwiesen, auch weil es im Gegensatz zum sozialistischen Antworten auf neue, die Welt verändernde Entwicklungen geben konnte. Das hatte die in den Siebzigerjahren einsetzende, durch Mikroelektronik getriebene industrielle Revolution, an die der Osten den Anschluss verlor, gezeigt.

Aus westlicher Sicht stand also von vornherein fest, dass die Sowjetunion nicht für die Ewigkeit geschaffen war. Ihr Tod kam nicht plötzlich und unerwartet, wie es die Russen wahrnahmen, sondern war – obwohl ihn merkwürdigerweise niemand im Westen vorausgesehen hatte – gewissermaßen unausweichlich: Das Sowjetsystem musste zwangsläufig scheitern, und am Ende seiner Geschichte würde ebenso zwangsläufig der Übergang zur westlichen marktwirtschaftlichen Ordnung stehen.

Vielleicht am deutlichsten kommen die divergierenden Sichtweisen in Ost und West in der unterschiedlichen Bewertung der politischen Protagonisten zum Ausdruck. Michail Gorbatschow, der mit seiner Politik von Glasnost und Perestrojka den Stein im sowjetischen Machtbereich ins Rollen brachte, wird im Westen bis heute für seinen Wagemut verehrt: Er hat den Ost-West-Konflikt beendet und den Staaten im Osten das Tor zu Freiheit und Demokratie geöffnet. In Russland dagegen wird Gorbatschow für seine Irrungen und Wirrungen verachtet. Der Präsident, dem das Großreich abhandenkam, ist in seiner Heimat als »Totengräber der Sowjetunion« gründlich diskreditiert. Daran hat sich auch nach Jahr und Tag kaum etwas geändert: Im Jahr 1999 waren ganze neun Prozent der Russen der Meinung, dass die Gorbatschow-Jahre dem Land mehr Gutes als Schlechtes gebracht hatten, 2016 waren es mit zwölf Prozent nicht wesentlich mehr.

Boris Jelzin gilt vielen im Westen als entschiedener Reformer, der gegen starke Widerstände der alten Kräfte den Weg zur Marktwirtschaft gegangen ist. Als Symbolfigur für die Demokratie in Russland wird er in guter Erinnerung behalten. Dort aber denken viele Menschen nur mit Grausen an den »Zerstörer des Vaterlandes« zurück, der ihre Heimat ins Chaos stürzte. Als der Präsident das eigene Parlament 1993 mit Panzern beschießen ließ, weil es sich ihm widersetzte, atmeten viele im Westen auf: Die Demokratie war gerettet. Für die meisten Russen aber war durch die Gewalt gegen das Weiße Haus – mit fast 200 Todesopfern und mehr als 400 Verletzten – das Fragezeichen hinter der Demokratie in ihrem Land nur größer geworden. Ähnlich wie bei Gorbatschow hat sich in Russland das negative Urteil über Jelzin kaum gewandelt. Gerade einmal fünf Prozent waren 1999 der Meinung, dass Jelzin eher Gutes in seinem Land bewirkt hat, 2016 lag der Wert bei elf Prozent.

Die russische Gesellschaft hat in den Jahren nach dem Ende der Sowjetunion viele bittere Erfahrungen machen müssen. Ich meine, sie hat ein Recht darauf, dass wir auch ihre Geschichten in unsere Erzählung vom Triumph der Demokratie und der Marktwirtschaft im Osten Europas aufnehmen. Dass Russland so ist, wie es heute ist, hat sicher nicht nur, aber auch mit den traumatischen Erlebnissen der Gesellschaft in der frühen nachsowjetischen Zeit zu tun: Es ist eben nicht nur »Putins Russland«, das wir heute vorfinden und das uns zu Recht in vielem nicht gefällt – es ist auch das Russland der Menschen, die nach dem Zusammenbruch der alten Ordnung keinen Boden unter den Füßen mehr spürten; die nicht wussten, was morgen wird; die das Gefühl hatten, viel verloren und wenig gewonnen zu haben; Menschen, die sich danach sehnten, in geordneten Verhältnissen zu leben. Was wäre wohl bei uns in Deutschland passiert, wenn wir mit etwas annähernd Vergleichbarem wie den Wirren der Neunzigerjahre in Russland konfrontiert gewesen wären? Hat die russische Gesellschaft diese dramatische Zeit vielleicht gar nicht so schlecht durchgestanden? Hat sie ihre Traumata vielleicht gar nicht so schlecht verarbeitet?

IV. Russland – neuer Partner oder alter Gegner?

Hoffnungen und Enttäuschungen

Die Erleichterung im Westen war groß. Mit der Auflösung des sowjetischen Imperiums war die Bedrohung aus dem Osten endgültig verschwunden. Russland, das die Nachfolge der Sowjetunion antrat, strebte nicht mehr nach Hegemonie über das östliche Europa. Die ehemaligen Sowjetrepubliken – die ukrainische und weißrussische, die baltischen, kaukasischen und zentralasiatischen – waren in die Unabhängigkeit entlassen. Das Reich war geografisch um rund ein Fünftel und demografisch um die Hälfte geschrumpft. Millionen Russen lebten nun als Minderheiten in den Nachfolgestaaten der Sowjetunion, die meisten in der Ukraine. Für die Menschen im Fortsetzerstaat Russland war es eine neue Erfahrung, in einem Land zu leben, das sie als nicht mehr »vollständig« empfanden – ein Gefühl, das den Start in ihre neue Zukunft belastete. Ihr Land war nun keine Supermacht mehr, die Ungewissheit war groß, doch nun, so der Wunsch und die Hoffnung in der zuweilen als »romantische Phase« bezeichneten frühen Aufbruchszeit, würde es Teil des Westens werden. Der neue russische Präsident Jelzin setzte alles daran, den Systemwandel möglichst rasch zu vollziehen und sein Land zu öffnen. Der Anschluss an die westlichen Institutionen, vor allem an die Sicherheitsstruktur der NATO, auf längere Sicht wohl auch an die Europäische Gemeinschaft, waren die Ziele, die die erwachende Demokratie anstrebte. In den Ländern des Westens sehe man die »natürlichen Verbündeten des neuen Russlands«, erklärte Jelzins Außenminister Andrej Kosyrew im Januar 1992.[32]

Schon bald aber entstand in Moskau der Eindruck, dass der Westen die gefallene Weltmacht nicht als Partner auf Augenhöhe sah und dem Land auf dem internationalen Parkett allenfalls noch eine Nebenrolle zudachte. Der Wunsch nach einer Einbindung in das westliche Verteidigungsbündnis stieß sowohl in Brüssel als auch in Washington auf taube Ohren. Auch im gemeinsamen europäischen Haus, von dem Michail Gorbatschow im Juli 1989 vor dem Europarat in Straßburg gesprochen hatte, war auf absehbare Zeit kein Platz für Russland. Der Eindruck, den man in der russischen Hauptstadt gewonnen hatte, verfestigte sich ab dem Jahr 1993. Immer deutlicher zeichnete sich ab, dass der Wunsch der in der Visegrád-Gruppe zusammengeschlossenen Staaten Polen, Tschechien, Slowakei und Ungarn nach einem Beitritt zur NATO wachsende Unterstützung in der westlichen Militärallianz fand. In Moskau empfand man das als einen Vertrauensbruch, fühlte sich vor vollendete Tatsachen gestellt. Immer wieder hatte der Kreml gegenüber dem Westen seine Sicherheitsinteressen erklärt. Nun wurden diese ignoriert. Vergeblich mahnte Präsident Jelzin, dass »Europa sich noch nicht vom Erbe des Kalten Krieges befreit« habe und nun ein »kalter Frieden« drohe. Das westliche Militärbündnis, in das Russland selbst nicht einbezogen wurde und bei dem es keine Mitsprache hatte, sollte bis an die Grenzen Russlands vorrücken. Die grundsätzliche Frage aber, wie das Verhältnis zwischen der NATO und Russland künftig aussehen sollte, wurde nicht angesprochen. Den Russen jedenfalls schien klar: Im Konzert der westlichen Mächte sollte ihr Land nicht mitspielen.

Russland sah seine Auffassung während der Kriege auf dem Balkan bestätigt. Als die NATO 1995 Luftangriffe gegen serbische Ziele flog, fühlte man sich von den Vereinigten Staaten und Europa übergangen. Als dann die NATO-Mächte 1999 im Kosovo-Konflikt intervenierten, sah man endgültig eine Linie überschritten. Russland richtete seinen außenpolitischen Kompass neu aus – weg vom Westen. Zum Sinnbild für die Kehrtwende wurde Jewgenij Primakows »Schleife über dem Atlantik«. Der russische Ministerpräsident befand sich an Bord einer Regierungsmaschine auf dem Flug nach Washington, als er von der Bombardierung Belgrads durch die NATO erfuhr. Primakow ließ das Flugzeug über dem Atlantik umkehren und flog nach Moskau zurück. Nicht wenige in der russischen Politik sehen Primakows »Schleife« heute als einen historischen Moment: den Beginn der »Wiederauferstehung« des russischen Staates.

Auch der Literaturnobelpreisträger von 1970, Alexander Solschenizyn, stellte die Intervention der Westmächte auf dem Balkan als den Wendepunkt im russischen Verhältnis zum Westen dar: »Als ich 1994 zurück nach Russland kam, erlebte ich eine Vergötterung der westlichen Welt«, erzählte er 2007 in einem Gespräch mit dem *Spiegel*: »Diese Stimmung änderte sich nach dem brutalen NATO-Bombardement Serbiens. Es wurde ein dicker schwarzer Strich gezogen, der nicht mehr auszuradieren ist, und ich glaube, er geht durch alle Schichten der russischen Gesellschaft. Dazu kamen die Versuche der NATO, Teile der zerfallenen UdSSR in ihre Sphäre zu ziehen, vor allem – was besonders schmerzlich war – die Ukraine, ein mit uns eng verwandtes Land, mit dem wir durch Millionen familiärer Beziehungen verbunden sind. Diese könnten durch eine militärische Bündnisgrenze im Nu zerschnitten werden. Bis dahin galt der Westen bei uns vorwiegend als Ritter der Demokratie. Nun mussten wir enttäuscht feststellen, dass die westliche Politik sich in erster Linie von Pragmatismus

leiten lässt, noch dazu häufig von einem eigennützigen ...
Viele Russen erlebten das als einen Zusammenbruch ihrer
Ideale.«

Der Zauber, der dem Anfang der neuen Ära wohl auch
in Russland innewohnte, war endgültig verflogen. Auf
dem beherzt begonnenen Weg nach Westen war der junge
russische Staat auf halber Strecke stehen geblieben, und
wir können noch heute nicht sagen, ob er ihn einmal fort-
setzen wird.

Auch der Westen zeigte sich über Russland frustriert –
über den von Boris Jelzin begonnenen, brutal geführten
Tschetschenienkrieg, der auch im eigenen Land viel Kritik
hervorrief, und ebenso über die mangelnden Erfolge des
Transformationsprozesses, der in die schwere Wirtschaftskrise von 1998 geführt hatte. Unter dem Eindruck der
gegenseitigen Enttäuschungen gingen Russland und der
Westen wieder auf Distanz zueinander.

In gewisser Weise wiederholte sich die Geschichte
von Hoffnung und Enttäuschung unter dem neuen Präsidenten Wladimir Putin. Seine Regierungszeit begann
mit dem Versuch, das Verhältnis mit dem Westen wieder
zu verbessern. In der Rede, die Putin im September 2001
im Deutschen Bundestag hielt, kam der Wunsch, Partner
des Westens zu werden, deutlich zum Ausdruck. Der russische Präsident streckte seine Hand aus: Er schlug einen
gemeinsamen Wirtschaftsraum von Lissabon bis Wladiwostok vor, nahm die wegen der Kosovo-Krise abgebroche-
nen Beziehungen zur NATO wieder auf, sicherte George
W. Bush nach den Anschlägen vom 11. September 2001
Russlands Beistand im Kampf gegen den Terror zu und
unterstützte tatsächlich die folgende amerikanische Intervention in Afghanistan. Und das alles gegen Widerstände
im eigenen Umfeld, denn der Kooperationskurs des neu-

en Präsidenten war im Kreml keineswegs unumstritten. In Washington erkannte man Moskau indessen weiterhin nicht als wirklichen Partner an. Russlands Interessen wurden von der einzigen verbliebenen Supermacht nicht mehr ernst genommen. 2003 stellte sich Putin gemeinsam mit dem französischen Präsidenten Jacques Chirac und dem deutschen Bundeskanzler Gerhard Schröder gegen die amerikanische Irak-Politik – ohne Erfolg. Washington ließ sich nicht von einem völkerrechtswidrigen Krieg im Irak abbringen. Die Beziehungen zwischen Russland und den Vereinigten Staaten aber hatten Schaden genommen.

In Russland ist zudem seit den sogenannten Farbenrevolutionen – 2003 in Georgien, 2004 in der Ukraine und 2005 in Kirgisien – ein Misstrauen gegenüber dem Westen entstanden, das sich mit den Jahren immer weiter verfestigt hat. In Moskau ist man überzeugt, dass die Regimewechsel in den Nachbarländern von den USA gesteuert wurden. Die Angst vor einer Einkreisung durch amerikatreue Staaten, sogar vor einem Regime Change in Russland selbst hat sich in den Köpfen festgesetzt – und es spielt schon gar keine Rolle mehr, wie real diese Bedrohung tatsächlich ist.

In Europa und den USA richtete sich der Blick unterdessen vor allem auf den innenpolitischen Kurs des neuen russischen Präsidenten, der den westlichen Wünschen und Vorstellungen so gar nicht entsprach. Die Erwartungen, dass Russland eine rechtsstaatliche Demokratie nach westlichem Muster mit einer liberalen Gesellschaft zustande bringen würde, waren zerstoben. Die russische Nation folgte nicht mehr dem Westen, sondern schlug einen eigenen Weg ein. Aus Sicht des Westens führte dieser in die falsche Richtung, nämlich geradewegs zurück in einen autoritären und repressiven Staat. Die Verhaftung des Oligarchen Michail Chodorkowskij, Chef des größten russischen Ölkonzerns Yukos, im Oktober 2003 war für die westliche Welt ein Symbol für die Rückorientierung Russlands in die Vergangenheit. In der medialen Öffentlichkeit dominierte die Darstellung Putins als rücksichtsloser Autokrat und das Bild Russlands als Willkürstaat – der Westen war wegen der Abkehr vom demokratischen Entwicklungsweg gründlich desillusioniert.

Der amerikanische Rechtsphilosoph Stephen Holmes ist so etwas wie ein Fachmann für Enttäuschungen. Er hat jene Frustrationen, die Demokratie und wirtschaftliche Liberalisierung in nachkommunistischen Gesellschaften ausgelöst haben, zu einem seiner Forschungsgebiete gemacht. Holmes sieht eine Ursache dafür, dass sich die Gesellschaften des Ostens zunehmend gegen ihre »Verwestlichung« auflehnen, in der Maxime »Ahmt den Westen nach!«, die sich die Reformer in Osteuropa auf ihre Fahnen schrieben. Nachahmung schien der kürzeste Weg zu Demokratie und Wohlstand zu sein. Das allerdings, so Holmes, brachte »psychologische Nachteile« mit sich: »Ein Leben als Imitator ruft unweigerlich Gefühle wie Unzulänglichkeit, Minderwertigkeit, Identitätsverlust ... hervor.«

Die illiberalen Tendenzen und die Abkehr von westlichen Werten, die wir heute im Osten der Europäischen Union und in Russland beobachten, interpretiert Holmes auch als eine »Auflehnung gegenüber den Erniedrigungen, die zwangsläufig mit einem Projekt einhergehen müssen, das die Anerkennung einer fremden als der eigenen Kultur verlangt«.[33] Schon zu Beginn des neuen Jahrtausends bekannte Václav Havel sein großes Unbehagen angesichts der im östlichen Europa »gebetsmühlenartig wiederholten Sprüche über unsere Anlehnung an den Westen ..., die Ausrichtung unserer Politik auf den Westen hin, die Verpflichtung westlicher Organisationen wie NATO und EU, uns so bald wie möglich den Beitritt anzubieten«. Der tschechische Präsident erkannte in dieser Rhetorik eine »Vorstellung von ›westlicher‹ Überlegenheit und ›östlicher‹ Minderwertigkeit«, die nach dem Ende der zweigeteilten Welt »auf lange Sicht unerträglich« sei.

Wenn Russland den liberalen westlichen Idealen heute seine eigenen, konservativen »traditionellen Werte« entgegenstellt, so bedeutet das auch: Wir finden es unerträglich, dass der überlegene Westen uns, dem minderwertigen Osten, seine Prinzipien noch immer als Richtnorm vorgibt. Wir wollen uns nicht mehr vom Westen daran messen lassen, wie gut oder schlecht wir seine Ordnung von Demokratie und Marktwirtschaft in unserem Land umsetzen.

Aus russischer Sicht ist die Aufgabe der Orientierung nach Westen so etwas wie eine Wiederherstellung der Souveränität. Die Machtasymmetrie zwischen dem Vorbild und dem Nachahmer wird aufgelöst. Der Westen ist nicht länger Richter darüber, wie gut oder schlecht sich Russland bei der Übernahme der westlichen Ordnung anstellt, wie gut oder schlecht es die westlichen Standards befolgt. In Russland bekommt man heute mitunter zu hören: Früher haben wir immer darauf geachtet, welche Noten ihr im Westen uns gebt. Heute handeln wir so, wie wir es für richtig halten, und die Noten, die ihr uns gebt, sind uns gleichgültig.

Keine Beziehung auf Augenhöhe

Auch Deutschland, dem sich Russland in Europa noch am nächsten fühlte, gefiel sich darin, Russland zu belehren. Nach der Aufbruchszeit in den deutsch-russischen Beziehungen, die besonders von dem freundschaftlichen Verhältnis zwischen Helmut Kohl und Boris Jelzin geprägt war, wurde Moskau zunehmend auf Defizite in seiner demokratischen und wirtschaftlichen Entwicklung angesprochen und zum Teil auch mit detaillierten Forderungen konfrontiert. Michael Naumann monierte die »Geste des erhobenen volkspädagogischen Zeigefingers« schon 2001 in der Wochenzeitung *Die Zeit* und merkte an: »Im Auswärtigen Amt gehört sie noch zum außenpolitischen Repertoire.« Das änderte sich in dem Maß, in dem Gerhard Schröder, der schnell ein gutes Verhältnis zu Wladimir Putin entwickelte, vor allem die gegenseitigen ökonomischen Interessen in den Vordergrund der Russlandpolitik rückte. Schröder sah Deutsche und Russen am Ende seiner Kanzlerschaft »so eng verbunden wie nie zuvor«.

In der großen Koalition unter Angela Merkel war es von 2005 bis 2009 vor allem Außenminister Frank-Walter Steinmeier, der sich für eine intensive deutsch-russische Zusammenarbeit in Politik, Wirtschaft und Gesellschaft einsetzte, um den Wandel in Russland zu unterstützen. In Anlehnung an die Ostpolitik von Willy Brandt und Egon Bahr plädierte der Außenminister für einen »Wandel durch Verflechtung«. Vor dem Deutsch-Russischen Forum im März 2006 erklärte Frank-Walter Steinmeier, dass Russland für seine Modernisierung »unsere Hilfe, unsere

Sympathie, unser Engagement« brauche: »Niemandem ist damit gedient, wenn Russlands Entwicklung in Abgrenzung vom Westen erfolgt. Russland braucht den Rückhalt Europas bei seinem schwierigen Weg hin zu Marktwirtschaft und Demokratie.« Nach der Wahl von Dmitrij Medwedew zum Präsidenten hat Frank-Walter Steinmeier seinen Ansatz einer gegenseitigen Verflechtung zu einer »Modernisierungspartnerschaft« mit Russland weiterentwickelt.

Der erhobene Zeigefinger, der in Deutschland zu Beginn des neuen Jahrtausends »noch zum außenpolitischen Repertoire« gehörte, ist nie wieder verschwunden. In den westlichen Medien wurde vor allem seit dem »Fall Chodorkowskij« sehr kritisch über den autoritären Kurs Russlands und die sich von westlichen Vorstellungen absetzenden Kremlherren berichtet. Auch in der politischen Debatte wurden immer wieder ein demokratischer Wandel angemahnt und gemeinsame Werte zur Voraussetzung für einen weiteren Ausbau der Beziehungen gemacht. In der christlich-liberalen Koalition rückte dieser Aspekt wieder in den Fokus der Regierungspolitik. In ihrem Koalitionsvertrag bekräftigten die Parteien 2009, den Modernisierungskurs Russlands weiter zu unterstützen und »Defizite bei Menschenrechten, Rechtsstaatlichkeit und Demokratie abzubauen«. Mit der Rückkehr Wladimir Putins ins Amt des russischen Präsidenten im Jahr 2011, neuen restriktiven Gesetzen und auch dem harten Urteil nach der Aktion der Protestgruppe Pussy Riot in der Christ-Erlöser-Kathedrale in Moskau wuchs die Enttäuschung über die innenpolitische Entwicklung Russlands – und mit ihr die Kritik. In der von den Fraktionen der CDU / CSU und FDP eingebrachten Bundestagsresolution »Durch Zusammenarbeit Zivilgesellschaft und Rechtsstaatlichkeit in Russland stärken« wurde diese ausführlich dargelegt. Das Papier enthielt einen Katalog der Defizite von Demokratie, Menschenrechten und Zivilgesellschaft in Russland. Es forderte die Bundesregierung auf, die Missstände konsequent anzusprechen und auf Besserung zu drängen. Gerade weil Russland und Deutschland Partner seien, müsse ein »offenes Wort erlaubt sein«.

In Russland las ein Teil der Politiker die im November 2012 verabschiedete Resolution wie den schriftlichen Tadel eines Lehrers an seinen Schüler – als eine Erniedrigung. Auch beim Petersburger Dialog im selben Monat zeigten sich etliche russische Teilnehmer verbittert über das schlechte Zeugnis ausgerechnet von den Deutschen, die doch bisher viel mehr als andere um Verständnis bemüht gewesen waren.

Seitdem hat sich der Unmut über die Beurteilungen aus den westlichen Demokratien weiter verstärkt. Die Russen sind die Belehrungen leid, wollen nicht länger geschurigelt und zu westlichen Werten umerzogen werden. Für Russland sind diese Werte längst nicht mehr der Goldstandard gesellschaftlicher Verfasstheit. Warum, fragen russische Politikerinnen und Politiker, kehrt ihr im Westen nicht vor eurer eigenen Haustür? Eure liberale Ordnung ist im Niedergang, euer eigenes Projekt ist gescheitert – Europa zerfällt. Für Russland hat das westliche Modell seine Attraktivität verloren. In der russischen Politik herrscht ein leidenschaftsloser Pragmatismus vor: Man arbeitet mit Deutschen und Europäern – so diese dazu bereit sind – in den Bereichen zusammen, in denen sich die Interessen überschneiden, vor allem in der Wirtschaft mit Schwerpunkt auf dem Energiesektor, und dabei belässt man es.

An der deutschen Kritik an Russland war und ist nichts falsch – die Skepsis gegenüber vielen Entwicklungen in der russischen Politik ist absolut berechtigt. Auch ich ärgere mich über sehr vieles, was heute in Russland geschieht. Nur sollten vor den wertepolitischen Zielvorstellungen die realpolitischen Notwendigkeiten nicht in den Hintergrund rücken – und damit das Urthema, mit dem das Schicksal Europas steht und fällt, das Thema, auf das uns die russische Außenpolitik immer wieder aufmerksam gemacht hat: die Frage der Sicherheit.

Sicherheit ohne Russland?

In Russland hat der Zusammenbruch des sowjetischen Reichs nicht nur ein politisches und wirtschaftliches, sondern auch ein sicherheitsstrategisches Vakuum hinterlassen. Das westliche Europa konnte auf den Halt und Schutz seiner bewährten Institutionen, der Europäischen Union und der Nordatlantischen Allianz, bauen. Das kann mittlerweile auch die Mehrheit der osteuropäischen Staaten – die beiden großen wirtschaftlichen und militärischen Gemeinschaften dehnten und dehnen sich bis auf den heutigen Tag weiter nach Osten aus. Russland aber ist in keine dieser Strukturen eingebunden, obwohl es an Signalen dafür, dass die einstige Supermacht ihren Platz in Europa suchte, nicht mangelte. Immer wieder hat die russische Politik ihren Wunsch nach Mitwirkung in einer gesamteuropäischen Wirtschaftsgemeinschaft, vor allem aber nach einem institutionellen Einschluss in eine gesamteuropäische Friedens- und Sicherheitsordnung geäußert, und immer wieder hat sie den Europäern und ganz besonders den Deutschen ihre Hand entgegengestreckt.

Ich erinnere an die Rede Wladimir Putins vom September 2001 im Deutschen Bundestag, in der er Europa, ohne dessen Beziehungen zu den Vereinigten Staaten im Geringsten in Zweifel zu ziehen, eine umfassende Partnerschaft mit seinem Land anbot. Putin warb für eine Zusammenarbeit in Wirtschaft, Kultur und Sicherheit und bat um Vertrauen für Russland, das noch nicht als gleichberechtigter Partner in das gemeinsame europäische

Haus aufgenommen sei. Der russische Präsident wurde für seine Rede von den Abgeordneten des Bundestags mit stehenden Ovationen gefeiert – aber er wurde nicht beim Wort genommen. Die Politik in Europa und in Deutschland hat es nicht für wert erachtet, sich mit den russischen Vorschlägen, mit denen sich – wie 1990 in der Charta von Paris beschworen – eine historische Chance für den Kontinent auftat, überhaupt auseinanderzusetzen, geschweige denn darauf einzugehen. Die Vereinigten Staaten hatten sich ohnedies entschlossen, mit dem »Krieg gegen den Terror« ihre weltpolitische Dominanz zu bestätigen.

Und doch war die Verwunderung der westlichen außenpolitischen Eliten im Februar 2007 groß, als derselbe russische Präsident auf der Münchner Sicherheitskonferenz ohne diplomatische Umschweife und Schnörkel Klartext sprach. Viel Frustration hatte sich in den fünfeinhalb Jahren seit seiner Bundestagsrede angestaut. Putin machte deutlich, dass Russland seine elementaren Sicherheitsinteressen vor allem durch die amerikanische Hegemonie und die NATO-Osterweiterung bedroht sehe. Die Pläne, eine Raketenabwehr in Osteuropa zu stationieren, seien der Beginn eines neuen Wettrüstens. Die unipolare Weltordnung, »die Welt eines einzigen Hausherrn«, habe »nichts mit Demokratie gemein«, welche die »Herrschaft der Mehrheit« sei: »Uns – Russland«, merkte der Präsident in einem süffisanten Seitenhieb auf die westlichen »Erzieher« an, »lehrt man ständig Demokratie. Aber die, die uns lehren, haben selbst irgendwie keine rechte Lust zu lernen.«

Putins Rede in München war ein Alarmruf. Eineinhalb Jahrzehnte hatte Russland zugesehen, wie der Westen – bis auf wenige Ausnahmen – ohne Russlands Mitsprache die Ordnung auf dem Kontinent bestimmte, wie sich die westliche Militärallianz immer weiter bis an die Grenzen Russlands ausdehnte. Nun wollte sich der größte Flächenstaat, die nach wie vor zweitstärkste Atommacht der Erde nicht länger mit der als demütigend empfundenen Statistenrolle auf dem europäischen Kontinent abfinden. Aus Putins Brandrede, die viele Kommentatoren an die Zeiten des Kalten Krieges erinnerte, sprach die Enttäuschung über ein Europa, das die Tür des vielbeschworenen gemeinsamen Hauses für Russland verschlossen hielt. Alarmiert haben die deutlichen Worte des russischen Präsidenten im Westen niemanden, sie riefen allenfalls ein Kopfschütteln hervor. Anlass für ernsthafte Reflexionen über die Beziehungen zwischen Europäern und Russen waren sie nicht.

Gleichwohl zeigte Moskau auch weiterhin Kooperationsbereitschaft. Der neue Präsident Dmitrij Medwedew, den seine erste Reise ins westliche Ausland nach Deutschland führte, schlug im Juni 2008 in Berlin einen »verbindlichen Vertrag über die europäische Sicherheit« vor. Und Putin brachte 2010 in einem Gastbeitrag für die *Süddeutsche Zeitung* die Vision einer wirtschaftlichen Kooperation in einem gemeinsamen europäischen Raum von Lissabon bis Wladiwostok wieder ins Gespräch.

Eine nennenswerte Resonanz auf die russischen Vorstöße hat es erneut nicht gegeben. Auch die vielversprechenden Ansätze des aus dem Treffen zwischen Angela Merkel und Dmitrij Medwedew im Juni 2010 hervorgegangenen Meseberg-Memorandums verliefen im Sand. Die Vorschläge einer über Information und Konsultation, also einer über den Platz am »Katzentisch des NATO-Russland-Rates« (Joschka Fischer) hinausgehenden sicherheitspolitischen Mitwirkung Russlands wurden von der Europäischen Union nicht weiter verfolgt. Das größte Land auf dem Kontinent blieb in Europa weiter außen vor – ohne substanzielle Beteiligung am Meinungsbildungsprozess in Fragen der europäischen und globalen Sicherheit und ohne äquivalente Mitspracherechte.

In der Bilanz muss man feststellen, dass Russland nach der Unterzeichnung der Charta von Paris eigentlich nie zu einem gleichberechtigten Gesprächspartner für die westliche Welt geworden ist. Auf ihrer Webseite nimmt die NATO, die seit der Ukraine-Krise die Kooperation mit Russland ausgesetzt hat, heute für sich in Anspruch, »mehr als zwei Dekaden am Aufbau einer Partnerschaft mit Russland gearbeitet zu haben«.[34] Mit Leben erfüllt hat sie diese Partnerschaft nie. Die Integration Russlands in Europa als Partner auf Augenhöhe und die Einbindung Russlands in eine kooperative Sicherheitsarchitektur sind überhaupt nicht ernst genommen worden. Vielleicht reichte im Westen schlicht die politische Vorstellungskraft nicht aus, um nach der Auflösung der bipolaren Ordnung eine Gemeinschaft in neuer Gestalt zu denken. Wie diese aussehen könnte, skizzierte 2011 der ehemalige Leiter des Planungsstabs im Bundesverteidigungsministerium, Ulrich Weisser: Die NATO solle sich »unter Einbeziehung Russlands von einem reinen Verteidigungsbündnis zu einer viel weiter gefassten Sicherheitsgemeinschaft entwickeln«. Der ehemalige Vizeadmiral musste jedoch konstatieren, dass die NATO bisher nicht fähig war, einen Ansatz zu verfolgen, der »Russland als Gleicher unter Gleichen einbezieht«.[35]

In den Augen der westlichen Politik war das einstige Riesenreich – nach dem Triumph im Kalten Krieg und dem folgenden wirtschaftlichen und politischen Bankrott Russlands in den Neunzigerjahren – zu einer vernachlässigbaren Größe geschrumpft. Wohl in keinem anderen

Projekt der westlichen Gemeinschaft kam das so deutlich zum Ausdruck wie in der fortgesetzten Erweiterung ihres Militärbündnisses nach Osten.

Die Ausdehnung der NATO

»Wir kehren dorthin zurück, wo wir immer waren – in die Entente, wenn man so will, in das Konzert der Westmächte«, entgegnete Boris Jelzin am Anfang seiner Amtszeit den politischen Kontrahenten, die vor allem aus dem Lager der Altkommunisten stammten. Diese hielten ihm vor, er verrate die russischen Interessen und liefere sein Land dem Westen aus. Tatsächlich hatte sich der Präsident in der Zeit von 1991 bis 1993 ganz der westlichen Welt zugewandt. Russland war von internationalen Finanz- und Wirtschaftshilfen abhängig, der Internationale Währungsfonds und die Weltbank bestimmten in weiten Teilen die Reformen im Land. Die außenpolitischen Interessen Russlands richtete Jelzin an denen des Westens aus, hielt sich von internationalen Rüstungsgeschäften fern und zog die sowjetischen Streitkräfte aus Ostmitteleuropa ab.

In dieser Zeit, in der Russland Seite an Seite mit den westlichen Demokratien stand, stellte das westliche Militärbündnis in den Jahren 1993 und 1994 erste Weichen für seine Erweiterung. Polen, Tschechien, die Slowakei und Ungarn hatten ihren Wunsch nach einem Beitritt zur NATO früh geäußert, und nach anfänglichem Zögern signalisierte das Bündnis Bereitschaft – ohne sicherheitspolitische Not, denn von Russland, so auch der Befund der NATO, ging kaum noch eine militärische Gefahr aus. Die dann 1997 begonnene erste Runde der Osterweiterung war im März 1999 abgeschlossen – Polen, Tschechien und Ungarn wurden Mitglieder der NATO. Fünf Jahre später endete im März 2004 die zweite Erweiterungsrunde mit dem Beitritt der Länder Bulgarien, Estland, Lettland, Litauen, Rumänien, Slowakei und Slowenien. Im April 2009 folgten Albanien und Kroatien, 2017 Montenegro. Der Beitritt von Nordmazedonien, dem dreißigsten Mitgliedsland in der siebzigjährigen Geschichte der Allianz, wird voraussichtlich 2020 erfolgen.

Die Osterweiterung der NATO belastet das Verhältnis zwischen Russland und dem Westen wie wohl keine andere Frage. Moskau betrachtet die Expansion der westlichen Allianz als einen Angriff auf seine Sicherheit – und sieht darin einen Verrat. Der Westen habe sein im Frühjahr 1990 gegebenes Wort gebrochen. Europäische und amerikanische Politiker hätten bei Vorgesprächen über die Vereinigung Deutschlands und den Zwei-plus-Vier-Vertrag zugesichert, dass die NATO sich nicht über das Gebiet der DDR hinaus nach Osten erweitern würde. Auf westlicher Seite wird argumentiert, es habe keine festen Zusicherungen und schon gar keine rechtlich verbindlichen Vereinbarungen gegeben. Das ist durchaus nachvollziehbar. Schließlich existierten Anfang 1990 die Sowjetunion und der Warschauer Pakt noch, und dass Mitglieder des östlichen Militärbündnisses schon bald Mitglieder der NATO würden, lag für die handelnden Politiker wohl noch außerhalb des Vorstellungsvermögens. Der Geist der Zeit war ein ganz anderer. Mit dem Ende des Kalten Krieges waren die militärischen Bedrohungen verschwunden. Der Westen beschwor in den Gesprächen mit der Sowjetunion eine neue Ära der gemeinsamen Sicherheit und partnerschaftlichen Zusammenarbeit, wie es dann auch in der Charta von Paris niedergelegt wurde. In der euphorischen Stimmung hätte es »unanständig gewirkt«, schriftliche Garantien zu fordern, hielt der langjährige Kreml-Berater Sergej Karaganow 1995 fest: »... wie zwei Freundinnen, die einander schriftliche Versprechen geben, den Ehemann der anderen nicht zu verführen«. Europa sollte fortan ein Europa der Kooperation sein – das war der Geist, in dem die Amerikaner und Europäer die Gespräche von 1990 führten. Wir dürfen festhalten, dass der Westen mit der sukzessiven Ausdehnung der NATO nach Osten gegen diesen Geist verstoßen hat.

An Warnungen vor den Folgen der NATO-Ausweitung für die internationalen Beziehungen wie auch für die innere Entwicklung der jungen Russischen Föderation hat es von Beginn an nicht gefehlt. Die »alten Meister« der Russlandpolitik sahen die Schwierigkeiten kommen: George F. Kennan sprach angesichts der ersten Erweiterungsrunde 1997 vom »verhängnisvollsten Fehler der amerikanischen Politik in der gesamten Ära nach dem Kalten Krieg«. Eine Ausdehnung der NATO könne in Russland »nationalistische, antiwestliche und militaristische Tendenzen anfachen, sich nachteilig auf die Entfaltung der Demokratie auswirken, in den Ost-West-Beziehungen das Klima des Kalten Krieges wiederbeleben und die russische Außenpolitik in eine Richtung treiben, die so gar nicht nach unserem Geschmack ist«.[36] Egon Bahr mahnte, in Europa dürfe »kein Staat durch den Rost fallen. Jeder Staat muss gleiche Sicherheit haben. Es gibt keine Stabilität in und für Europa ohne die Beteiligung Russlands. Entweder sind wir stabil und sicher mit Russland, oder wir müssen in überschaubarer Zeit Sicherheit vor Russland neu organisieren.« Eine immer weitere Expansion des westlichen Bündnisses bedeute, »dass wir mindestens für die nächsten zehn Jahre eine Gegnerschaft zu Russland aufbauen«.[37]

War Russland für die sich nach Osten ausdehnende NATO der Gegner aus der Vergangenheit oder der Partner für die Zukunft? Zu dieser alles entscheidenden sicherheitspolitischen Frage, die die Russen immer wieder aufwarfen, hüllte sich der Westen in Schweigen. Der Verweis auf das Prinzip der freien Bündniswahl, das auch für die ehemaligen Warschauer-Pakt-Staaten gelte, kann diese Frage nicht beantworten. Die Verantwortung für die Aufnahme neuer Mitglieder liegt allein bei den NATO-Mitgliedstaaten. Zu Recht hat Egon Bahr darauf hingewiesen, dass ja nicht das Gesuch eines Landes nach Mitgliedschaft entscheidend ist, sondern die einstimmige Billigung der Erweiterung durch alle NATO-Länder.

Im Osten – das ist in Russland nicht anders als in Deutschland – produziert die fehlende Sensibilität des Westens Wut – weil der Westen in seiner Selbstherrlichkeit dem Osten nicht zuhört und auf die östlichen Bedürfnisse und Belange keine Rücksicht nimmt. Die bloße Erklärung jedenfalls, die Ausdehnung des NATO-Militärbündnisses sei nicht gegen Russland gerichtet – so wahr sie auch sein möge –, reicht nicht aus, die russischen Bedenken zu zerstreuen; nicht, solange die Frage nach der Rolle Russlands in einer gesamteuropäischen Sicherheitsarchitektur ungeklärt ist.

V. Europa vor einem Scherbenhaufen

Die Krise in der Ukraine

Auf dem NATO-Gipfel vom April 2008 in Bukarest wiederholte Wladimir Putin seine Kritik an der Osterweiterung, wobei er ausdrücklich die Absichtserklärung, Georgien und die Ukraine in das Militärbündnis aufzunehmen, monierte: »Das Entstehen eines mächtigen Militärblocks an unseren Grenzen ... würde in Russland als direkte Bedrohung der Sicherheit unseres Landes betrachtet werden.« Seit eben diesem Gipfel steht aber auch die Grundsatzentscheidung fest, dass die Ukraine und Georgien NATO-Mitglieder werden.[38] Und seit Bukarest ist die Beitrittsperspektive für die beiden Länder auf den folgenden NATO-Gipfeln bestätigt worden, zuletzt 2018 in Brüssel.[39]

Seine machtpolitische Entschlossenheit demonstrierte der russische Präsident kein halbes Jahr später, als Präsident Micheil Saakaschwili die georgische Armee in der Nacht vom 7. auf den 8. August 2008 Zivilbevölkerung und russische Friedenstruppen in der südossetischen Hauptstadt Zchinwali angreifen ließ. Russland reagierte mit einer energischen fünftägigen militärischen Intervention nicht nur in Südossetien, sondern bis ins westgeorgische Kernland hinein. Die Kampfhandlungen waren nach fünf Tagen beendet. Die russischen Truppen zogen sich bis Anfang Oktober zurück. Wie Abchasien ist Südossetien völkerrechtlich Teil Georgiens, jedoch seit 1992 de facto unabhängig. Eine EU-Untersuchungskommission stellte fest, dass Georgien, anders als von Präsident Saakaschwili dargestellt, den Krieg begonnen hatte. Außenminister Frank-Walter Steinmeier, der die Untersuchung anregte, sprach auf dem SPD-Landesparteitag in Brandenburg von einem »unverantwortlichen« Vorgehen der georgischen Regierung und einer »Überreaktion« Russlands, mahnte aber den Westen, Russland in dem Konflikt nicht zu isolieren und die »Scharfmacherei« zu beenden – die Krise warf ihre Schatten voraus.

Wie das westliche Verteidigungsbündnis strebt auch die Europäische Union im Rahmen der »Östlichen Partnerschaft« seit 2009 eine stärkere Anbindung der Ukraine an. Die von der polnischen Politik angestoßene Initiative sieht eine engere politische und wirtschaftliche Kooperation der zwischen der westlichen Gemeinschaft und Russland gelegenen Staaten Armenien, Aserbaidschan, Georgien, Moldau, Weißrussland und Ukraine mit der Europäischen Union vor. Russland ist in diese Initiative nicht eingebunden. Aus der »Östlichen Partnerschaft« ging das Assoziierungsabkommen mit der Ukraine hervor, das zur Kollision mit der 2010 von Russland mit Weißrussland und Kasachstan gegründeten Eurasischen Zollunion führte. Der ukrainische Präsident Wiktor Janukowytsch schwankte zwischen dem Brüsseler Angebot einer EU-Assoziierung und dem Moskauer eines Beitritts zur Zollunion. Der EU-Kommissionspräsident José Manuel Barroso stellte die Ukraine im Februar 2013 vor die Entscheidung, »mit wem sie ihre Beziehungen vertiefen möchte«. Es gebe nur ein Entweder-oder – EU oder Zollunion. Janukowytsch weigerte sich dann, das Abkommen mit der EU auf dem Gipfel der »Östlichen Partnerschaft« im litauischen Vilnius im November 2013 zu unterzeichnen. In der ukrainischen Hauptstadt Kiew gingen daraufhin die Bürger auf die Straße. Auf dem Unabhängigkeitsplatz, dem Majdan, kam es zu Massendemonstrationen, die ab Januar zunehmend in Gewalt umschlugen und im

Februar 2014 mit dem Sturz Janukowytschs und der Einsetzung einer Übergangsregierung endeten.

Der Umsturz in der Ukraine wird im Westen und in Russland unterschiedlich interpretiert. Aus westlicher Sicht handelte es sich um eine europäische Revolution der ukrainischen Zivilgesellschaft, aus russischer Sicht um einen vom Westen unterstützten und mitorganisierten Regimewechsel.

Nachdem in Kiew eine Übergangsregierung gebildet worden war, demonstrierten auf der ukrainischen Halbinsel Krim russische Bewohner für eine Anbindung an Russland und krimtatarische für die neue ukrainische Führung. Russische Soldaten ohne Hoheitsabzeichen besetzten das Regionalparlament, unter Ausschluss der Öffentlichkeit wurde ein neuer Ministerpräsident gewählt. In einem für den 16. März 2014 angesetzten Referendum über den künftigen Status der Krim sprach sich eine Mehrheit für den Anschluss an Russland aus, wenig später wurde die Halbinsel in die Russische Föderation eingegliedert.

Auch in der Ost-Ukraine kam es zu Abspaltungsbewegungen. Die Separatisten in den selbst ernannten »Volksrepubliken« Donezk und Luhansk werden von Russland militärisch unterstützt. In den Kämpfen zwischen den ost-ukrainischen »Volksmilizen« und russischen Truppen auf der einen und den ukrainischen Streitkräften auf der anderen Seite sind bis heute 13 000 Menschen ums Leben gekommen, wohl weit mehr als zwei Millionen haben ihre Heimat verlassen. Die meisten sind innerhalb der Ukraine umgezogen, viele nach Polen, Weißrussland und vor allem nach Russland geflohen.

Die Verbindungen zwischen Russen und Ukrainern sind eng. Viele haben Verwandte oder Freunde im anderen Land. Der Krieg hat nicht nur die wirtschaftlichen Verbindungen zwischen den Nachbarländern zerstört, der Riss des Konflikts verläuft auch quer durch die Familien. Und wer aus der Ost-Ukraine weggeht, steht oft vor der Entscheidung, ob er im Land bleibt oder zu Verwandten nach Russland geht.

Die militärischen Auseinandersetzungen, die 2014 im Osten der Ukraine ausbrachen, haben uns nach den Balkankriegen der Neunzigerjahre wieder drastisch vor Augen geführt, wie schnell die Situation in Europa eskalieren kann und wie brüchig das Fundament ist, auf dem der Frieden in Europa gründet.

Die Vereinigten Staaten und die Europäische Union haben wegen der rechtswidrigen Annexion der Krim und der vorsätzlichen Destabilisierung der Ukraine Sanktionen gegen Russland verhängt. Moskau antwortete mit Gegensanktionen. Die Spannungen haben sich seitdem weiter verschärft. Wer dachte, nun sei die Stunde der Diplomatie gekommen, sah sich getäuscht. Der NATO-Russland-Rat, das zentrale Forum für Gespräche zwischen dem westlichen Militärbündnis und Russland, wurde von der NATO wegen der Ukraine-Krise – wie schon im Georgien-Konflikt 2008 – auf Eis gelegt. Auch eine substanzielle politische Dialoginitiative zwischen den westlichen Gemeinschaften EU und NATO auf der einen und Russland auf der anderen Seite, etwa im Rahmen der OSZE, hat es nicht gegeben. Europäer und Russen stehen vor einem außen- und sicherheitspolitischen Trümmerhaufen.

Die Militärs lassen auf europäischem Boden ihre Muskeln spielen. Im Ostseeraum kommen sich amerikanische, europäische und russische Flugzeuge und Schiffe immer wieder gefährlich nahe. NATO-Truppen werden nach Osteuropa verlegt. Russland erhöht die Militärpräsenz an seiner Westgrenze. Fünfundsiebzig Jahre nach dem Überfall auf die Sowjetunion werden deutsche Soldaten nach Litauen an die russische Grenze entsandt. In Großmanövern demonstrieren Ost und West einander ihre militärische Stärke. Die Übungen »Trident Juncture« der NATO in Norwegen und »Wostok« der russischen Streitkräfte in Sibirien und im Fernen Osten vom Herbst 2018 waren die größten Manöver beider Seiten seit dem Ende der Sowjetunion.

Die Rüstungskontrolle steckt in einer gefährlichen Krise. Etliche der mit dem Ende des Kalten Krieges geschlossenen Verträge sind nicht mehr in Kraft. Den ABM-Vertrag zur Begrenzung von Raketenabwehrsystemen haben die USA 2002 gekündigt, den KSE-Vertrag über die konventionellen Streitkräfte in Europa hat Russland 2007 ausgesetzt, und 2019 hat die Trump-Regierung den INF-Vertrag über das vollständige Verbot landgestützter atomarer Mittelstreckenwaffen beendet. Diese Raketensysteme, die sich in den Achtzigerjahren in Europa gegenüberstanden – die sowjetischen SS-20 und die amerikanischen Pershing II –, ließen die Menschen in Europa den Atem anhalten.

Das Zeitalter der Abrüstung ist vorbei, stattdessen wird an der Entwicklung neuer Waffensysteme gearbeitet. Die Logik des Kalten Krieges hat wieder Einzug in das Denken gehalten: Nicht gemeinsame Sicherheit ist das Ziel, sondern maximale Abschreckung. Die globalen Rüstungsausgaben steigen auf Rekordhöhe. Das von der NATO ausgegebene Ziel, nach dem die Mitgliedstaaten zwei Prozent des Bruttoinlandsprodukts für die Verteidigung aufwenden sollen, trägt dazu wesentlich bei. Die meisten Länder der Europäischen Union haben in den vergangenen Jahren ihre Ausgaben erhöht. Über die Hälfte der weltweiten Militärausgaben von fast zwei Billionen US-Dollar entfallen auf die 29 NATO-Staaten, rund zwei Drittel davon auf die USA. Mit 649 Milliarden Dollar – mehr als einem Drittel der globalen Militärausgaben – belegen die Vereinigten Staaten mit großem Abstand den Spitzenplatz auf dem Erdball. Russland ist nach einem weiteren Rückgang seiner Militärausgaben mit 61,4 Milliarden – also einem knappen Zehntel des Pentagon-Etats – auf Platz sechs hinter Frankreich zurückgefallen. Deutschland liegt mit dem größten Verteidigungshaushalt seit dem Ende des Kalten Krieges weltweit auf Platz acht. Sollte das wirtschaftlich starke Deutschland sich entschließen, das Zwei-Prozent-Ziel der NATO zu erfüllen, würde es zur Macht mit den höchsten Militärausgaben auf dem europäischen Kontinent.

Auch die weltanschaulichen Gräben zwischen West und Ost sind tiefer geworden, denn: Russland hat sich in der Tat, wie von George F. Kennan prophezeit, in eine Richtung entwickelt, die »so gar nicht nach unserem Geschmack ist«. Das Land ist patriotischer, nationalistischer und autoritärer geworden, und der Westen ist für die russische Nation schon lange nicht mehr der Sehnsuchtsort, der er einmal war. Heute scheint der Antagonismus zwischen westlicher Welt und Russland auf dem europäischen Kontinent fest etabliert. Das Vertrauen ineinander ist geschwunden, und damit ist die Axt gelegt an Stabilität und Sicherheit in Europa.

Rechtsbrüche und Gewalt dürfen im 21. Jahrhundert keine Mittel der Außenpolitik sein, schon gar nicht auf dem europäischen Kontinent, dem Schauplatz der beiden Weltkriege des vergangenen Jahrhunderts – das gilt für den Osten wie für den Westen. »Wer heute die russische Seite auf ihre Regelverletzungen im Ukraine-Konflikt anspricht«, konstatiert der langjährige Koordinator der Bundesregierung für Russland und andere sowjetische Nachfolgestaaten Gernot Erler, »bekommt immer dieselbe Antwort: Und was habt ihr im Kosovo, im Irak und in Libyen gemacht? In dieser Falle stecken wir.«[40] Und aus dieser Falle kann sich der Westen nur selbst befreien. Das Kind ist in den Brunnen gefallen. Nun muss der Westen von seinem hohen moralischen Podest herabsteigen, die Genese des Ukraine-Konflikts nüchtern analysieren und dabei auch einmal selbstkritisch nach der eigenen Rolle darin und dem eigenen Anteil daran fragen.

Aus heiterem Himmel traf die Ukraine-Krise die Europäer nicht. »Im Grunde dürfte niemand im Westen von der Ukraine-Krise wirklich überrascht sein«, bekannte der Leiter der Münchner Sicherheitskonferenz Wolfgang Ischinger im Mai 2014. »Die Ukraine-Krise ist schlicht die Rechnung dafür, dass wir unser Klassenziel bei der Anbindung Russlands an den Westen und das westliche Bündnis nicht erreicht haben.« Dass das eine – die NATO-Erweiterungspolitik mit der Ukraine und Georgien – nur zu haben sei, wenn das andere – ein neues, partnerschaftliches Verhältnis zwischen der NATO und Russland – funktioniere, sei »von Anfang an klar« gewesen. Und weil Russland eine Assoziierung mit der EU als Vorstufe zur NATO-Mitgliedschaft wahrnehme, sei »schon das geplante Assoziierungsabkommen zwischen der EU und der Ukraine ... ein Schritt in die falsche Richtung« gewesen.[41]

Wie sehr die Nordatlantische Allianz in ihrer eigenen Welt lebte, zeigte sich in Aussagen wie der ihres früheren Generalsekretärs Jaap de Hoop Scheffer, der gegen Putins 2007 in München geübte Kritik an der NATO-Osterweiterung einwandte, wie man sich denn sorgen könne, »wenn Demokratie und Rechtsstaat näher an die Grenzen rücken«. Das war aus Sicht der Russen die Sprache eines selbstgerechten Westens, der die Realitäten der Welt aus dem Blick verloren hatte – die der anderen, aber auch die eigenen; der meinte, er dürfe sich alles herausnehmen, Russland aber nicht. Mit zynischem Spott hielt Putin in seiner Rede zur Krim den »Kollegen aus Westeuropa und Nordamerika« ihre Scheinheiligkeit vor: »Sie sagen uns, dass wir internationales Recht verletzen ... Schön, dass Sie sich wenigstens daran erinnern, dass es internationales Recht gibt. Danke dafür, besser spät als nie.« Darauf könne man leider wenig erwidern, meint der Völkerrechtler Bruno Simma, der Richter am Internationalen Gerichtshof in Den Haag war. Putin sei sicher besonders dreist gewesen, aber er habe auch »gute Lehrmeister« gehabt: »Das völkerrechtliche Gewalt- und Interventionsverbot ist in der jüngeren Vergangenheit gerade vom Westen, unter der Führung der USA, immer wieder durchlöchert und aufgeweicht worden: im Irak-Krieg, über dessen angebliche Rechtfertigung man doch heute nur noch staunen kann, oder im Kosovo-Konflikt, als man sich gegenüber Rest-Jugoslawien auf den Gedanken einer humanitären Intervention berief. Und wenn irgendwo in der Welt ein Umsturz geschieht, der dem Westen gelegen kommt, ... wird dies vom Westen akzeptiert – wenn nicht, dann nicht.« Wenn man mit Russland wieder ins Gespräch kommen wolle – und das müsse man –, dann »sollte man dabei nicht allzu rechthaberisch sein«, so Simma.[42] Ganz ohne Zweifel wäre genau das die beste Voraussetzung für eine europäische Initiative zu einem neuen politischen Dialog über gemeinsame Sicherheit auf unserem Kontinent. Dies könnte Russland helfen, sein Gesicht zu wahren, nachdem es, anders als die westlichen Staaten, die gegen das Völkerrecht verstoßen haben, sanktioniert und isoliert wurde. Beide Seiten wären wieder auf Augenhöhe. Dann werden wir über Wege sprechen können, die uns aus der Konfrontation herausführen.

Die erhebliche Gefahr, die diese Konfrontation mit sich bringt, hat uns im März 2018 der Fall Skripal vor Augen geführt. Nach dem Mordanschlag im englischen Salisbury auf den ehemaligen Doppelagenten Sergej Skripal und seine Tochter war gleichsam über Nacht eine Eskalationsdynamik entstanden, von der wir nur hoffen konnten, dass sie unter Kontrolle blieb – sogar die Frage, ob Großbritannien den Bündnisfall ausruft, stand im Raum. Das zeigt, wie prekär das gegenwärtige Konzept der konfrontativen Sicherheit, der Sicherheit vor Russland, für Europa ist und wie dringend wir eine kooperative Sicherheit, eine Sicherheit mit Russland, brauchen. Eine Isolation des größten europäischen Landes wird unserem Kontinent keine dauerhafte Stabilität bringen.

Angesichts einer tief gespaltenen Europäischen Union ist Skepsis angebracht, ob die Gemeinschaft überhaupt noch zu einer konzertierten Initiative für eine neue Sicherheitsarchitektur unter Einschluss Russlands fähig ist. Einer Verlockung allerdings sollte Europa widerstehen: Das Russland Wladimir Putins, so bedrohlich es auch sein oder erscheinen mag, taugt nicht dazu, einem Europa, das in einer Sinnkrise steckt, einem Europa, dem die große einigende Idee abhandengekommen ist, neues Leben einzuhauchen.

Die Krise der Europäischen Union

Warum schaut die westliche Welt »geradezu obsessiv auf Russland«?, fragte sich unlängst der politische Denker Ivan Krastev. China ist zu einer Weltmacht aufgestiegen, ist ehrgeizig, innovativ und illiberal – »China stellt unsere Welt auf den Kopf«. Wir hätten doch heute allen Grund, uns vor dem Reich der Mitte zu fürchten. Russland, gerade wiedererwacht, komme zurück aus der Vergangenheit und gehe in eine eher ungewisse Zukunft. China hingegen – wer wollte das im Ernst bezweifeln – sei die Macht von morgen.

Die westliche Politik und die Medien reagieren verstört, wenn der russische Präsident erklärt, dass die westliche liberale Idee ausgedient hat. Fürchtet man im Westen vielleicht weniger, Russland werde künftig die Welt regieren, sondern vielmehr, dass die Welt oder Teile der Welt irgendwann auf die Art und Weise regiert werden wie Russland heute? Sehen Europäer und Amerikaner Russland als den Vorboten eines Wandels, der ihnen noch bevorsteht? Fährt ihnen also der Schreck in die Glieder, weil sie im Russland von heute den Westen von morgen erkennen? »Im einundzwanzigsten Jahrhundert«, argumentiert Krastev, »gleicht Russland einem Hohlspiegel, der die Ratlosigkeit und Selbstzweifel des liberalen Europas reflektiert. Wir haben Angst vor Russland, weil wir nach einem Jahrzehnt der Krisen unser Selbstvertrauen verloren haben ... Wir erkennen, dass das russische Regime den westlichen Demokratien ähnlicher ist, als wir wahrhaben wollen – wir haben dieselben Probleme und Befürchtungen, wir erleben einen ähnlichen demografischen Niedergang, und wir haben dieselben Zukunftsängste.«[43] In der russischen Gesellschaft nimmt der Anteil der Personen im arbeitsfähigen Alter rapide ab. Die jüngeren Menschen wandern vom Land in die Städte, und ganze Regionen verfallen. Die Ungleichheiten zwischen Stadt und Land werden immer größer. Diese Entwicklungen, die in Russland forciert ablaufen, verunsichern die Menschen auch in den westlichen Gesellschaften.

Tatsächlich kamen in Europa und in den USA die großen politischen Erschütterungen der letzten Jahre, darauf hat auch Frank-Walter Steinmeier in seiner letzten Rede als Außenminister im Januar 2017 hingewiesen, nicht mehr aus der Ferne, sondern vielmehr »aus dem Inneren unserer westlichen Gesellschaften«: Die Entscheidung Großbritanniens, die Europäische Union zu verlassen; die Wahl Donald Trumps, eines »radikal nationalistischen Republikaners« (Heinrich August Winkler), zum 45. Präsidenten der Vereinigten Staaten von Amerika; die wachsende Zustimmung zu rechtspopulistischen Bewegungen in den westlichen Demokratien, auch in Europa.

Die europäische Idee hat in den vergangenen Jahren einiges von ihrer Anziehungskraft verloren. Fast siebzig Jahre nach dem Beginn des europäischen Einigungsprozesses ist die Euphorie verflogen, die Integrationskräfte haben spürbar nachgelassen. Der Brexit, der Austritt des drittgrößten Mitgliedslandes, hat der Europäischen Union einen Schlag versetzt, von dem sie sich so schnell nicht erholen wird. Bis auf Weiteres wird sie viel mit sich selbst beschäftigt sein und in dem Krisenmodus bleiben, der für die zurückliegenden »grausamen zehn Jahre für Europa«, wie sie der französische Präsident Emmanuel Macron genannt hat, kennzeichnend war. Diese Jahre haben die

Europäische Union zusehends gespalten: Die Finanz- und Wirtschaftskrise nach 2007 und die Eurokrise nach 2010 ließen die Kluft zwischen den Nord- und Südländern – Griechenland, Spanien, Italien – größer werden. Die Flüchtlingskrise 2015 hat in der Europäischen Union eine neue, zwischen Ost und West verlaufende Bruchlinie entstehen lassen, die immer deutlicher an Kontur gewinnt. Viele Staaten in Ost- und Südosteuropa wehrten sich gegen eine Umverteilung von Flüchtlingen auf alle Länder der Europäischen Union. Die Visegrád-Gruppe weigerte sich, überhaupt Schutzbedürftige aufzunehmen.

Polen und Ungarn verfolgen mit ihren rechtskonservativen, europaskeptischen Regierungen verstärkt eigene nationale Konzepte und Ziele, die mit den viel beschworenen europäischen Werten nicht mehr vereinbar sind. Sie fordern die liberale Demokratie, die ihrer Ansicht nach versagt hat, offen heraus. Die Europawahl 2019 hat erneut gezeigt, dass die rechtsnationalen Kräfte europaweit im Aufwind sind – Forum für Demokratie in den Niederlanden, Vlaams Belang in Belgien, die AfD in Deutschland oder auch die Dänische Volkspartei und die Schwedendemokraten. Diese Parteien hadern mit der europäischen Integration, die aus ihrer Sicht zu weit geht, sie hadern mit den bürokratischen, schwerfälligen demokratischen Prozessen in der Europäischen Union. Sie wollen nationale Souveränität und fordern eigene Handlungsspielräume zurück. Sie plädieren für ein »Europa der Vaterländer«, das so wenige Kompetenzen wie möglich an Brüssel abtritt.

Das europäische Projekt ist in Bedrängnis. Die Krisen der vergangenen zehn Jahre haben viel Substanz gekostet. Nun halten die politischen Folgen – die Zersetzungsprozesse innerhalb der Gemeinschaft – Europa in Atem und werden es auch weiterhin tun. Das sind keine günstigen Voraussetzungen für die außenpolitische Handlungsfähigkeit der Europäischen Union, die mit ihren immer noch achtundzwanzig Mitgliedstaaten dem Einstimmigkeitsprinzip verpflichtet ist.

Die Geschlossenheit, die das in so vieler Hinsicht zerrissene Europa in der Kontroverse mit Russland und seinem Präsidenten Wladimir Putin demonstriert und die es sich alle sechs Monate mit der Verlängerung der Sanktionen neu bestätigt, diese Geschlossenheit verschafft dem dissonanten Europa ein wenig Erleichterung und einen bescheidenen Identitätsschub – mehr nicht. Dieser wird den Europäern nicht helfen, das in ihrer Gemeinschaft entstandene Sinnvakuum auf Dauer neu zu füllen. Der Weg aus der existenziellen Krise in ein neues, einiges und starkes Europa führt nicht über einen gemeinsamen Gegner Russland. Wer sich dieser trügerischen Illusion hingab, den sollten der Brexit und die anhaltenden Zuwächse der populistischen, europafeindlichen Parteien eines Besseren belehrt haben. In Polen und Ungarn stellen sie Ende 2019 die Regierung; in vielen anderen Ländern der Europäischen Union gewinnen sie an Einfluss.

Nicht leichter macht es der Europäischen Union auf internationaler Ebene auch der klaffende Riss im transatlantischen Bündnis. Die Führungsmacht der westlichen Welt verfolgt unter ihrem Präsidenten Donald Trump getreu dem Motto »America first« mehr denn je die eigenen Interessen – für multilaterale Verträge und Regeln hat der amerikanische Präsident so wenig übrig wie für das Erbe seines Amtsvorgängers Barack Obama. Mit seiner isolationistischen Politik hat er eine schier unüberbrückbare Distanz zwischen den beiden Seiten des Atlantiks erzeugt. Das ist wohl an keinem anderen internationalen Arrangement so deutlich geworden wie am Atomabkommen mit dem Iran, das in der Europäischen Union vielfach als Meisterstück multilateraler Diplomatie gelobt wird.

Donald Trump diffamierte das über einen Zeitraum von zwölf Jahren ausgehandelte Abkommen, das 2015 von der Obama-Regierung gemeinsam mit Frankreich, Großbritannien, Deutschland, Russland und China mit Teheran geschlossen wurde, als »schlechtesten Deal aller Zeiten«. Im Mai 2018 kündigte er das Abkommen kurzerhand auf – ohne stichhaltige Gründe dafür vorzubringen. Seitdem versucht vor allem die Europäische Union zu retten, was gegen den Druck aus den Vereinigten Staaten zu retten ist. Sie kann sich dabei auf die »Globale Strategie für die Außen- und Sicherheitspolitik der Europäischen Union« von 2016 berufen, in der die Union sich für die Einhaltung vereinbarter Regeln stark macht und dabei exemplarisch auf das Abkommen Bezug nimmt: »Mit unserem gemeinsamen Gewicht können wir für die Einhaltung vereinbarter Regeln eintreten, um Machtpolitik in ihre Schranken zu verweisen und zu Frieden, Fairness und Wohlstand beizutragen. Das Nuklearabkommen mit Iran ist hierfür ein gutes Beispiel.« Dieses »gemeinsame Gewicht« auch tatsächlich auf die Waage zu bringen erweist sich in der Realität als schwierig. Denn nicht alle Mitgliedstaaten der Europäischen Union ziehen mit am Strang, wenn am anderen Ende die Vereinigten Staaten von Amerika stehen.

Die wesentliche Ursache liegt darin, dass es auf dem europäischen Kontinent keine gemeinsame Sicherheit mit Russland gibt, dem Land, das mit seinem konstruktiven Beitrag zur Aushandlung des Atomprogramms bewiesen hat, dass es ein Partner bei der multilateralen Lösung internationaler Probleme sein kann. Polen nämlich wie auch weitere Staaten im Osten der Europäischen Union – besonders die baltischen Länder – trauen ihrem großen Nachbarn aus nachvollziehbaren historischen Gründen nicht. Die polnische Politik sieht heute in Russland vor allem eine Bedrohung. Daher setzte der polnische Außenminister Jacek Czaputowicz nach Trumps Ausstieg aus dem Iran-Abkommen einen anderen Akzent als seine europäischen Amtskollegen im Westen der Europäischen Union. Czaputowicz erklärte, dass viele Staaten in der Union die USA als »wahren Garanten ihrer Sicherheit« sehen. Polen will es sich mit den Vereinigten Staaten nicht dadurch verderben, dass es sich gemeinsam mit der Europäischen Union zu entschieden für den Erhalt des Atomabkommens einsetzt. Das Nuklearabkommen mit Teheran ist eben auch ein »gutes Beispiel« dafür, dass Europa ohne eine verlässliche sicherheitspolitische Ordnung im eigenen Haus die sich selbst zugedachte geopolitische Rolle nicht ausfüllen und kein Schwergewicht in der Welt werden kann.

Die Zurückhaltung der polnischen Außenpolitik hat sich ausgezahlt: Inzwischen haben Präsident Trump und sein Amtskollege Andrzej Duda ein Abkommen zur Verstärkung der amerikanischen Truppen in Polen geschlossen. Doch ist das ein guter »Deal« für Europa? Donald Trump ist das gleichgültig. Schon sein Vorgänger Barack Obama hatte den außenpolitischen Fokus der USA aus dem europäischen in den pazifischen Raum verlagert. Der neue Herr im Weißen Haus lässt kaum einen Zweifel daran, dass ihm nichts an Europa gelegen ist: Eine starke, einige Europäische Union ist ihm ein lästiger Konkurrent, der Brexit eine »wunderbare Sache«, und darüber, wie er oder ob er überhaupt noch zur gemeinsamen Militärallianz steht, lässt er die Verbündeten im Unklaren. Die um den eigenen Zusammenhalt ringenden Europäer können heute nicht mehr auf den Grundpfeiler der westlichen Welt bauen. Europa hat seinen engsten Verbündeten bis auf Weiteres verloren.

Europäische Perspektiven

Das von den Vereinigten Staaten gegen den erklärten Willen der Vertragspartner Frankreich, Großbritannien, Deutschland und Russland aufgekündigte Abkommen mit dem Iran war ein Bezugspunkt, als Emmanuel Macron Ende August 2019 in Paris ankündigte, die französische Russlandpolitik neu auszurichten. Beim Jahresempfang der französischen Botschafter verkündete Macron, dass Frankreich, um seine Rolle als »Macht des Ausgleichs in den großen Konflikten nutzbringend spielen zu können«, sich Russland wieder annähern müsse. Er führte aus: »Wir sind in Europa, und Russland auch. Und wenn es uns nicht gelingt ... mit Russland etwas Nützliches zu schaffen, werden wir in einer äußerst unfruchtbaren Spannung stecken bleiben. Wir werden weiter überall in Europa eingefrorene Konflikte haben. Wir werden weiter ein Europa haben, das Schauplatz eines strategischen Kampfes zwischen den Vereinigten Staaten von Amerika und Russland ist. Und wir werden die Folgen des Kalten Krieges noch weiter auf unserem Boden spüren.« Der französische Präsident erklärte, es sei ein »schwerwiegender strategischer Fehler«, Russland aus Europa »herauszudrängen«, und plädierte für eine »neue Vertrauens- und Sicherheitsarchitektur«. Der europäische Kontinent werde nicht stabil sein, solange »wir unsere Beziehungen zu Russland nicht entspannen«.

Die Entscheidung Emmanuel Macrons, das Verhältnis zu Russland zu verbessern, ist der rechte Schritt zur rechten Zeit. Ich hoffe sehr, dass die französische Initiative auch in anderen europäischen Ländern Zustimmung findet. Es wäre gut, wenn Deutschland, dem im Verhältnis zu Russland eine herausgehobene Bedeutung zukommt, sich Frankreich auf dem Weg zu einer Entspannung der Beziehungen anschlösse. Und es wäre gut, wenn auch Polen auf diesem Weg mitgenommen würde. Ganz von vorn beginnen müssen die Schlüsselstaaten in den Beziehungen zum größten Nachbarn in Europa nicht. Noch zu Beginn dieses Jahrzehnts waren Deutsche, Franzosen und Polen im Rahmen des Weimarer Dreiecks schon ein gutes Stück auf dem Weg zu gemeinsamer Sicherheit mit Russland fortgeschritten.

Das Gesprächsforum Weimarer Dreieck wurde von den Außenministern Deutschlands, Frankreichs und Polens nach dem Ende des Kalten Krieges eingerichtet, um Polen die Annäherung an die Europäische Union zu erleichtern und mit einer abgestimmten Politik auch die Integration der übrigen jungen osteuropäischen Demokratien voranzubringen. Seit 1998 fanden im Weimarer Dreieck immer wieder auch die Staats- und Regierungschefs zusammen. In den letzten Jahren ließ die Aktivität nach. Zum fünfundzwanzigsten Gründungsjubiläum kamen 2016 die drei Außenminister Frank-Walter Steinmeier, Jean-Marc Ayrault und Witold Waszczykowski noch einmal zusammen. Seitdem ist es um das Forum still geworden. Dass sich die Bundesregierung in ihrem Koalitionsvertrag von 2018 vorgenommen hat, das Weimarer Dreieck aus seinem Dornröschenschlaf zu befreien, ist ein wirklich guter Entschluss. Denn für die Vertrauensbildung in Europa ist der Austausch zwischen Deutschen, Franzosen und Polen von größtem Wert. Das habe ich als Kuratoriumsvorsitzender der Stiftung Genshagen in meiner Zeit als brandenburgischer Ministerpräsident aus nächster Nähe miterleben dürfen. Die Stiftung Genshagen ist fast so alt wie das

Weimarer Dreieck und hat es sich zur Aufgabe gemacht, dieses durch einen deutsch-französisch-polnischen Austausch in gemeinsamen Veranstaltungen, Diskussionen und Begegnungen zusätzlich mit Leben zu füllen.

Was im Kontext des Weimarer Dreiecks einmal möglich war und hoffentlich auch wieder möglich sein wird, zeigte sich in den Jahren 2010 und 2011, in denen Deutschland, Frankreich und Polen erste Schritte zu einem sicherheitspolitischen Dialog mit Russland gingen. Einen wichtigen Anknüpfungspunkt für den Vorstoß bildete das Treffen von Bundeskanzlerin Merkel und Präsident Medwedew im Juni 2010 im brandenburgischen Meseberg. Als dann im Februar 2011 Bundeskanzlerin Merkel und die Präsidenten Frankreichs und Polens, Nicolas Sarkozy und Bronisław Komorowski, in Warschau zusammenkamen, regte der polnische Präsident an, auch Präsident Medwedew zu einem der folgenden Treffen des Weimarer Dreiecks einzuladen. Der russische Außenminister Sergej Lawrow hatte 2010, als er an einem Treffen des Weimarer Dreiecks teilnahm, eine solche Erweiterung vorgeschlagen. Ein friedenspolitisches Viereck aus Deutschland, Frankreich, Polen und Russland lag damals im Bereich des Vorstellbaren!

Die Besserung in den schwierigen Beziehungen zwischen Polen und Russen fand vor dem Hintergrund einer tragischen Katastrophe statt, die der Annäherung zumindest zeitweise eine beinahe unglaubliche Dynamik verlieh. Am 10. April 2010 stürzte das Flugzeug des polnischen Präsidenten beim Landeanflug auf den Flughafen Smolensk im dichten Nebel ab. Präsident Lech Kaczyński und mehr als neunzig Vertreter der politischen, militärischen und gesellschaftlichen Führungsschicht des Landes kamen ums Leben. Die Passagiere der Regierungsmaschine waren auf dem Weg ins westrussische Katyn, um des siebzigsten Jahrestags der Ermordung von 22 000 polnischen Offizieren, Akademikern und Intellektuellen durch Stalins Geheimdienst im Frühjahr 1940 zu gedenken.

Russland zeigte aufrichtige Anteilnahme an dem fürchterlichen Unglück der Polen. Präsident Medwedew ordnete Staatstrauer an, die Fahnen auf öffentlichen Gebäuden wehten auf Halbmast. Viele russische Zeitungen erschienen mit Trauerrand, vor der polnischen Botschaft in Moskau legten die Menschen Blumen nieder. Ministerpräsident Putin flog nach Smolensk und umarmte seinen trauernden polnischen Amtskollegen Donald Tusk am Unglücksort – eine Geste, die viele Polen rührte. Das menschliche Mitgefühl der Russen hat die polnische Bevölkerung überrascht und zutiefst beeindruckt, ein Wandel in den gegenseitigen Beziehungen zeichnete sich ab: »Hoffnung auf einen Neuanfang. Nach dem Tode ihres Präsidenten Lech Kaczyński haben die Polen ein anderes, menschliches Russland kennengelernt«, lautete damals eine Überschrift der *Frankfurter Allgemeinen Sonntagszeitung*.[44]

Das »andere Russland« hatte bereits drei Tage vor dem Unglück auf sich aufmerksam gemacht. Wladimir Putin besuchte als erster russischer Regierungschef die Gedenkstätte von Katyn und legte gemeinsam mit Donald Tusk einen Kranz für die Opfer nieder – eine historische Versöhnungsgeste. Fünfzig Jahre hatte die Sowjetunion ihre Schuld an dem Massenmord geleugnet – erst Gorbatschow gestand sie 1990 ein –, weitere zwanzig Jahre hatte es gedauert, bis ein russischer Regierungschef nach Katyn kam. Unmittelbar nach dem Flugzeugabsturz wurde der Film *Das Massaker von Katyn* des polnischen Regisseurs Andrzej Wajda in Russland erstmals im landesweiten Fernsehen gezeigt. Viele Russen erfuhren nun die lange verschwiegene Wahrheit über die Morde, von denen die

126

sowjetische Propaganda immer behauptet hatte, sie seien von deutschen Truppen verübt worden.

Die Euphorie über eine Wende in den Beziehungen zwischen Polen und Russen legte sich bald. Längst steht die Tragödie von Smolensk in Polen nicht mehr für den Beginn einer Aussöhnung mit Russland, sondern für die Rückkehr zum alten Feindbild. Jarosław Kaczyński und seine rechtsnationale PiS-Partei nähren unablässig den Verdacht, dass Russland Schuld am Absturz der Präsidentenmaschine habe, und machen damit Politik. Das Misstrauen gegenüber den Russen ist mit aller Macht zurückgekehrt, noch einmal verstärkt durch das russische Vorgehen in der Ukraine-Krise, das alte Ängste neu geweckt hat. Das Verhältnis der beiden Länder heute könnte schlechter kaum sein.

Nicht einmal ein Jahrzehnt ist vergangen, seit Deutschland, Frankreich und Polen Wege zu einer Annäherung an den europäischen Nachbarn Russland und zu einer gemeinsamen Sicherheit suchten. Heute sind wir in Europa weit hinter diese Ansätze zu einer umfassenden integrativen Friedenspolitik zurückgefallen. Was damals noch für möglich gehalten wurde, scheint heute in unerreichbare Ferne gerückt. Die Gräben sind tiefer geworden – nicht nur zwischen Europa und Russland, sondern auch innerhalb der Europäischen Union. Europa droht, sich immer weiter in seine eigenen Probleme zu verstricken. Keine Frage: Das macht es nicht leichter, den sicherheitspolitischen Dialog mit Russland in einem europäischen Rahmen wie dem Weimarer Dreieck wiederaufzunehmen. Und doch ist es aller Mühe wert. Ohne Russland wird Europa keine dauerhafte Stabilität erreichen, und ohne Russland wird Europa keinen wirksamen Beitrag zu einer Lösung der globalen Krisen leisten können. In der Welt von heute sind für die Europäer multilateraler Dialog und konzertiertes Handeln unverzichtbar. In diesem Konzert muss Russland – wie bei der Aushandlung des Atomabkommens mit dem Iran – ganz selbstverständlich ein Partner auf Augenhöhe sein. Der isolationistische Kurs, den die Vereinigten Staaten unter Donald Trump verfolgen, führt uns in Europa die Notwendigkeit des multilateralen Dialogs nur noch deutlicher vor Augen.

Mit seiner Verachtung für die Europäische Gemeinschaft und seiner Geringschätzung des NATO-Militärbündnisses rüttelt der amerikanische Präsident an den Grundfesten der westlichen Gemeinschaft. Das birgt für Europa zumindest latent eine ganz neue Gefahr: Die Europäische Union könnte am Ende in der Welt recht allein dastehen, wenn nämlich die Vereinigten Staaten sich weiter – auch sicherheitspolitisch – von Europa abwenden. Und wenn Russland sich weiter nach China und überhaupt nach Asien orientiert, was durch die gegenwärtige europäische Sanktionspolitik noch befördert wird. Das würde auch den Ambitionen der Europäischen Union, eine gewichtigere Rolle auf der weltpolitischen Bühne zu spielen, einen schweren Schlag versetzen – falls sie denn überhaupt zusammenhält, was ich mir sehr wünsche.

Für die Europäische Union wäre viel gewonnen, wenn es gelänge, die Beziehungen zu ihrem größten Nachbarn zu entspannen. Einen wesentlichen Beitrag dazu kann Russland selbst leisten. Das Verhältnis Polens und auch der drei baltischen Staaten zu Russland bestimmt die europäische Politik gegenüber dem zunehmend als schwierig empfundenen Nachbarn entscheidend mit. Russland, das größte Land der Erde, sollte den kleinen Anrainerstaaten im Westen mit mehr Sensibilität begegnen und, statt Stärke zu demonstrieren, ihnen gegenüber Vertrauensarbeit

128

leisten. Das würde helfen, die geschichtlich begründeten Ängste in diesen Ländern, in denen tief sitzende Ressentiments heute wieder neu geschürt werden, abzubauen.

Doch auch in vielen westlichen Ländern der Europäischen Union müssen wir heute erleben, dass Ängste und Vorurteile wieder reanimiert werden. Leider – und das erfüllt mich mit großer Sorge – auch von uns Deutschen.

Die Rückkehr der Feindbilder

Wie festgefahren die Situation heute ist, wie tief sich die westliche Welt und Russland in ihre Sackgassen hineinmanövriert haben, wird vielleicht daran am deutlichsten, dass die Konflikte in der Welt, an denen Russland, die Vereinigten Staaten und Europa mittelbar oder unmittelbar beteiligt sind – etwa die Auseinandersetzung im Osten der Ukraine oder die Syrien-Krise –, von den Parteien völlig unterschiedlich dargestellt und bewertet werden. Ost und West haben jeweils ihre eigenen Narrative dieser Krisen und ihrer Rollen darin entwickelt. In diesen Darstellungen wird ausschließlich in Schwarz-Weiß gemalt, die Rollen sind klar verteilt, nur eben je nach Perspektive unterschiedlich. Eines aber ist klar: Schuld sind immer die anderen.

Inzwischen ist der Diskurs emotional so aufgeladen und wird zudem durch die Berichterstattung der Medien auf beiden Seiten so verstärkt, dass für eine differenzierte Betrachtung, geschweige denn eine, die auch die eigenen Defizite benennt, kein Raum mehr ist. In Deutschland begegnet uns heute in der Berichterstattung und in der politischen Diskussion ein oft sehr eindimensionales Bild von Russland und den Russen. Das ist in Russland nicht anders. Es ist viel zu einfach und einseitig, wie dort Europa und Deutschland dargestellt werden.

Die Stimmen, die sich um eine Differenzierung bemühen, sind rar geworden. In Sachen »Putins Russland« gibt es für viele in Deutschland sowieso keine Fragen und Zweifel mehr. Ihnen scheint ausgemacht, dass Russland die Kraft auf dem Erdenrund ist, die stets das Böse will. In dieser Wahrnehmung wird das Riesenreich in einer immer unübersichtlicher werdenden Welt voller Ambivalenzen und Ambiguitäten zu einem der letzten Horte der Eindeutigkeit. Das schafft wieder eine klare Orientierung in den globalen Komplexitäten, so wie es vor der Zäsur von 1991 der Fall war, als die Welt fast ein halbes Jahrhundert in zwei Machtblöcke und in Gut und Böse geteilt war. Wir spüren diese Orientierung, sobald wir eine Zeitung aufschlagen: Positive Nachrichten und Neuigkeiten aus Russland suchen wir meistens vergeblich – aus dem Osten kommt eben nichts Gutes.

Analytische Kompetenz, historischer und politischer Sachverstand sind kaum noch gefragt – und sie sind auch immer weniger vorhanden: Nach dem Ende der bipolaren Weltordnung schienen das Wissen über die Länder im Osten Europas und ihre Sprache, Geschichte und Kultur fast schon überflüssig, denn, so die verbreitete Vorstellung, im nachsowjetischen Raum würde ohnehin bald alles so werden wie in der westlichen Welt. Osteuropainstitute wurden zugemacht, die Fachbereiche der Slawistik und osteuropäischen Geschichte an vielen Universitäten geschlossen. Heute fehlt es in Deutschland merklich an Russland- und Osteuropaexpertise, nicht nur im akademischen Bereich. Auch in Politik und Gesellschaft besteht ein erhebliches Wissens- und Informationsdefizit, was den Osten angeht. In den Parteien nimmt das Interesse an Russland ab. Die Generationen, die noch über den Krieg oder, wie in der SPD, über die Ostpolitik von Willy Brandt einen Bezug zum Land hatten, treten ab. Für viele der Jüngeren hat das Thema nur wenig Anziehungskraft – es gibt Schöneres, zumal die Beschäftigung mit Russland der politischen Karriere nicht unbedingt förderlich ist.

Sich heute für den Dialog mit Russland einzusetzen und sich um gegenseitige Verständigung zu bemühen, heißt, augenblicklich unter Rechtfertigungsdruck zu geraten. Es sei »an sich schon ein schlimmer Befund«, dass man »in diesen Zeiten wieder Mut« brauche, um für die deutsch-russischen Beziehungen einzutreten, stellte Sigmar Gabriel, gerade aus dem Amt des Außenministers geschieden, zum fünfundzwanzigjährigen Jubiläum des Deutsch-Russischen Forums fest. Wer heute versucht, einmal genauer hinzusehen, wer versucht, auch Russlands Beweggründe und Interessen nachzuvollziehen und den Ursachen nachzuspüren, die der heutigen schweren Krise zwischen Russland und dem Westen zugrunde liegen, wer vielleicht sogar den eigenen Anteil daran zur Sprache bringt, dem wird das Etikett »Russland-Versteher« angeheftet. Der Begriff ist diffamierend gemeint, und das sagt sehr viel aus, denn es zeugt von Hybris und vorsätzlichem Desinteresse. In einer Zeit, in der jedes Fünkchen Vernunft gebraucht wird, offenbart diese Geisteshaltung einen bedenklichen Mangel an Willen und Fähigkeit, sich ernsthaft Gedanken über unseren Nachbarn zu machen und wirklich Wege zueinander zu suchen. Viele von uns sind von sich selbst und der eigenen Sichtweise vollkommen überzeugt und nicht gewillt, das eigene Denken, Handeln und Urteilen zu reflektieren. Wir sind größtenteils nicht gewillt, uns in die Lage des anderen zu versetzen und zu versuchen, auch die andere Seite zu verstehen oder zumindest zu erahnen, warum sie so handelt, wie sie handelt. Für mich ist das eine Mindestanforderung an den Umgang miteinander – vor allem, wenn es ein friedlicher sein soll. Heute gibt es, wenn es um Ost und West geht, oft wieder nur Gut und Böse. Doch eigentlich wissen wir, dass die Realitäten vielschichtig sind und nicht nur schwarz und weiß und dass es vieler Zwischentöne bedarf, um ihnen zumindest einigermaßen nahezukommen.

Der Historiker Peter Brandt hat, meine ich, sehr klug darauf hingewiesen, dass zwischen zwei Völkern »eine positive, stabile und emotional unterfütterte Beziehung sich nur dann entwickeln kann, wenn sie nicht auf völlig verzerrten und dabei verfestigten Vorstellungen vom anderen Volk beruht, sondern auf dem erfolgreichen Bemühen, es in seiner Komplexität wahrzunehmen«.[45] Ich glaube, in unserem Blick auf die Wirklichkeiten des Vielvölkerstaats Russland mit seinen 140 Millionen Einwohnern, die wir allzu oft auf die Person Wladimir Putins reduzieren, sind wir von dieser Komplexität weit entfernt – und unsere Bereitschaft, im Bild von Russland auch die Nuancen zu zeichnen, schwindet weiter.

Der Schriftsteller und Wissenschaftler Lew Kopelew hat sein Hauptwerk, die *West-östlichen Spiegelungen*, der Frage gewidmet, was Deutsche und Russen in den vergangenen Jahrhunderten übereinander dachten und warum sie so dachten. Das monumentale Projekt zur Erforschung deutsch-russischer Fremdenbilder ist das Vermächtnis eines großen Humanisten und Völkerverständigers, der das wechselvolle Verhältnis von Deutschen und Russen in eigener Anschauung durchlebte und durchlitt – in Krieg und Frieden. Kopelew, der sich seine deutschen Sprachkenntnisse als Propagandaoffizier der Roten Armee im Kampf gegen Nazi-Deutschland zunutze machte, hatte mitangesehen, wie die Saat des Hasses, die beide Kriegsparteien ausbrachten und die er mit gesät hatte, aufging. Er wusste um die verheerende Wirkung der Fremdenbilder in den Köpfen der Menschen, die nationalen Klischees und Mythen. Im ersten Band der *Spiegelungen* warnte er vor solchen im Bewusstsein und Unterbewusstsein verwurzelten Bildern der Voreingenommenheit: »Fremdenbilder ..., die mit bestürzender Konsequenz zu Feindbildern werden, gehören zu den gefährlichsten Vorurteilen, an denen die Menschheit von ihrem Anfang an leidet. Und immer noch besteht keine Hoffnung auf Heilung.«[46] Das ist so traurig wie wahr.

Deutsche und Russen dürfen ihre Vergangenheit nicht vergessen. Jede Generation muss sich von Neuem der Aufgabe stellen, den unheilbringenden Vorurteilen entgegenzuwirken, sich von den althergebrachten Feindbildern zu lösen, statt sie neu zu beleben. Deutsche und Russen haben die Pflicht, aus ihrer Geschichte zu lernen. Doch heute müssen wir feststellen, dass die Diagnose »Bis heute bestehen die uralten, aber aktuell aufgefrischten Vorstellungen von dem europafremden russischen Nationalcharakter«, die Kopelew vor fünfunddreißig Jahren stellte, nichts von ihrer Gültigkeit verloren hat.[47] Im Gegenteil: In unserer Gesellschaft, so ist mein Eindruck, hat sich diese Vorstellung in den letzten Jahren wieder verfestigt und ist beinahe schon kategorisch geworden. Das Bild einer russischen Nation, die ihrem Charakter nach mit den europäischen Nationen nicht kompatibel ist, transportiert eine vermeintlich endgültige Wahrheit. Diese lautet: Russland und der Westen gehören nicht zusammen; Russland und der Westen – das sind prinzipielle Gegensätze. Man könnte auch sagen: Russland und der Westen – das sind Gegner.

In einer Zeit, in der der politische Dialog zwischen Russland und der westlichen Welt und auch zwischen Russland und Deutschland auf Eis liegt, ist das eine gefährliche Wahrheit. Sie wird beständig genährt durch immer neue Gerüchte, Halbwahrheiten, Behauptungen und Schuldzuweisungen. Und scheinbar durch jede Meinungsverschiedenheit, jede Zuspitzung in den internationalen Beziehungen mit Russland von Neuem bestätigt.

VI. Nachbarn in Europa

Gemeinsamer Raum,
gemeinsame Kultur

Die Zweifel, ob Russland zu Europa gehört, die uns heute
in der politischen und medialen Diskussion in unserem
Land immer wieder begegnen und die nach dem russischen Vorgehen in der Ukraine-Krise noch einmal lauter
wurden, sie sind nicht neu. Die Debatte über die Zugehörigkeit Russlands zu Europa wird – nicht nur im Westen,
sondern auch im Osten – seit mindestens drei Jahrhunderten geführt. Sie hat seit der energischen Europäisierung
des Russischen Reichs unter Peter dem Großen (1689–
1725) Konjunktur.

Russland, das räumlich zwischen den westlichen und
den alten östlichen Zivilisationen gelegen ist, hatte seinen
Bezugspunkt immer, in seiner gesamten Geschichte, in
der westlichen Welt. Es hat, wie der Philosoph Boris Groys
formuliert, »keine kulturelle Tradition, die in dem Sinne
›anders‹ wäre, dass sie aus anderen Elementen als die
westliche bestünde, wie etwa die chinesische oder die in-
dische Kultur«.[48] Russland übernahm das Christentum in
seiner byzantinischen, nicht in seiner lateinischen Ausprä-
gung. Die Entscheidung für Byzanz bedeutete keine Trennung des europäischen Ostens vom Westen. Das zeigen
die dynastischen Verbindungen – im 11. und 12. Jahrhundert heirateten die Söhne und Töchter der alten russischen
Fürstenhäuser Standesgenossinnen und -genossen aus
dem gesamten westlichen Europa. Das zeigen auch die
gegenseitigen Handelsbeziehungen. Diese Beziehungen
bestanden auch nach der mongolischen Invasion und der

250 Jahre währenden Herrschaft der Mongolen über die russischen Fürstentümer vom 13. bis zum 15. Jahrhundert teilweise weiter, vor allem die der nordrussischen Städte mit der Hanse. Doch schwächte das »Tatarenjoch« die wirtschaftlichen und kulturellen Verbindungen und rückte Russland ein Stück weiter vom Westen weg.

Renaissance und Reformation, der Aufbruch Europas in die Neuzeit, fanden ohne Russland statt, und die Resonanz in Moskau auf die europäischen Umwälzungen war eher mager. Als im 16. und im 17. Jahrhundert nach der langen Zeit der Abschottung unter mongolischer Herrschaft Reisende aus dem westlichen Europa in den Moskauer Staat kamen, wähnten sie sich, ganz selbstverständlich an der Richtschnur ihrer fortgeschrittenen abendländischen Norm und Normalität messend, in einem Reich, das weit zurückgeblieben war. Schon die räumliche Ausdehnung überstieg die Vorstellung der Westeuropäer, der russische Koloss erschien ihnen unmöglich zu regieren und zu verwalten. Die schier unbegrenzte, tyrannische Macht des Zaren; die so anderen Sitten und Gebräuche; der immerhin christliche, aber doch so verschiedene Glaube; die ganze von der Kirche geprägte Kultur, der es an Schulen und Universitäten, an Wissenschaft und Bildung mangelte – all das mutete befremdlich an. Was sie in Russland sahen, erinnerte die Beobachter aus dem Westen in vielem an die eigenen Verhältnisse längst vergangener Zeiten. Der Österreicher Sigmund von Herberstein, der das Zarenreich zu Beginn des 16. Jahrhunderts in diplomatischer Mission bereiste, und der holsteinische Gesandte Adam Olearius, der ihm gut hundert Jahre später folgte, prägten mit ihren Beschreibungen von Land und Leuten das für spätere Zeiten grundlegende Bild von der russischen Rückständigkeit und den Russen als »Barbaren«. Ein Bild, aus dem ein Gefühl der zivilisatorischen Überlegenheit spricht und das bis in die heutige Zeit nie wieder ganz verschwand.

Peter der Große, der einen erheblichen Nachholbedarf gegenüber Europa sah, stieß das Tor zum Westen auf. Als er seinem Reich an der Wende zum 18. Jahrhundert eine Modernisierung nach europäischem Modell verordnete, kam das einem Triumph gleich: Nun endlich erkannte auch das ferne Moskau an, dass der Fortschritt sein Zentrum im westlichen Europa hatte. Das sichtbarste Zeichen dieser Anerkennung war die »Große Ambassade«, die Westreise, die der russische Zar von 1697 bis 1698 mit gewaltigem Gefolge unternahm, um Wissen und Ideen in sein Reich zu holen. Der Aufbruch aus Moskau, der den jungen Monarchen nach Preußen, Holland und England führte, erregte Aufsehen in ganz Europa. Es war das erste Mal überhaupt, dass ein russischer Herrscher sein Land verließ.

Mit Russlands Hinwendung zu Europa und seinem Aufstieg in die Riege der europäischen Großmächte im 18. Jahrhundert änderte sich auch die Sicht auf das eigene Reich. Hunderte von Jahren hatte Russland vor allem auf sich selbst geschaut. Schon wegen seiner Ausdehnung war es eine Welt für sich. Nun ging der Blick über den eigenen Tellerrand hinaus und richtete sich auf die Länder im Westen Europas. Der Vergleich zeigte, dass diese in ihrer inneren Verfasstheit, in Verwaltung und Wirtschaft, in Technik und Wissenschaft, in Bildung und Kultur so viel weiter waren. Mit Peter dem Großen wurde dieses »moderne« Europa zum Maßstab für das Russische Reich – eine Vergleichsgröße mit Folgen. Denn nun wurde auch im eigenen Land verstanden, dass Russland relativ zu Europa

141

ein rückständiges Land war. In der Asymmetrie dieses Verhältnisses liegt über die Jahrhunderte hinweg ein Gefühl der Unvollkommenheit und Minderwertigkeit begründet: Seit Peter dem Großen hinkt Russland dem Westen hinterher, holt seine Entwicklung nach, holt vielleicht auch einmal auf, und lebt doch immer in der Furcht, den Anschluss zu verlieren und abgehängt zu werden. Europa treibt Russland um – bis zum heutigen Tag. Lenins Losung »Einholen und überholen«, die Nikita Chruschtschow in den Fünfzigerjahren des 20. Jahrhunderts neu ausgab, hat auch nach dem Ende der Sowjetunion nicht ausgedient. Sie wird nur immer wieder neu ausbuchstabiert.

Die Skepsis gegenüber dem Westen, die wir heute in Russland beobachten, ist kein neues Phänomen. Die Frage nach dem Verhältnis von Russland und Europa war nie unumstritten und immer ein Gegenstand der Diskussion. Sie ist unauflöslich mit der eigenen kulturellen Standortbestimmung, der nationalen Identität verbunden. Ist Russland Teil Europas, das dem Vorbild des Westens nacheifern soll, um seine Rückständigkeit zu überwinden? Oder ist Russland eine eigene kulturelle Welt, die sich erneuern soll, indem es sich auf die eigenen religiösen und sozialen Traditionen besinnt? Der ersten Option neigen die »Westler« zu, die zweite wird von den sogenannten »Slawophilen« favorisiert. Der Richtungsstreit zwischen den beiden Parteien war die bestimmende Debatte im 19. Jahrhundert – und ist seitdem nicht mehr verklungen. Bis heute beherrscht die um das Spannungsfeld Russland und Europa kreisende Kontroverse das russische Denken wie wohl kaum eine andere Frage.

Das Verhältnis zu Europa sei »die Gretchenfrage der russischen Geschichte«, konstatiert Manfred Hildermeier in seiner vom Mittelalter bis zur Oktoberrevolution reichenden monumentalen *Geschichte Russlands* von 2013.[49] Wie sehr diese Geschichte im Kontext der »Westintegration« zu erzählen ist, verdeutlichen die beiden seiner Darstellung vorangestellten Zitate. Katharina die Große bekannte 1767: »Russland ist eine europäische Macht.« Der Publizist Michail Katkow erklärte knapp hundert Jahre später: »Unsere Geschichte vollzieht sich in Europa, nicht in Asien.«

In einer Zeit, in der Russland und Europa beinah nur auf das Trennende und kaum noch auf das Verbindende in ihrem Verhältnis schauen, finde ich es wichtig, den Blick zurück auf die gemeinsame Geschichte von Europäern und Russen zu richten und sich die vielen gemeinsamen Wurzeln in Erinnerung zu rufen. Denn auch wenn es in der Vergangenheit neben Licht sehr viel Schatten gab, auch wenn Europa und Russland immer auch eigene Wege gingen, sich einander nicht nur zu-, sondern sich ebenso voneinander abwandten, ist und bleibt die Geschichte ihrer Beziehungen die einer kontinuierlichen Annäherung und immer stärkeren Verflechtung.

Auch die Zweifel an der gegenseitigen Verbundenheit, wie sie heute in Deutschland im politischen und publizistischen Umfeld immer wieder geäußert werden, sind nicht neu. Russland war seit seiner Wiederentdeckung im 16. Jahrhundert für die Europäer zu keiner Zeit eine echte Herzensangelegenheit. »Europa hat Russland nie sonderlich wohlwollend behandelt«, resümiert Hildermeier. »Seit es ... Aufzeichnungen gibt, ist es an die Peripherie gedrängt worden. Die Tendenz zur Ausgrenzung war deutlich.«[50] Für Europa war Russland nicht nur geografisch, sondern auch kulturell ein »Randphänomen«. Aber eben ein Randphänomen Europas – man ordnete es nie ganz nach Asien ein, dem noch ferneren Osten. Zugleich sah sich der europäische Westen in der zivilisatorischen Hierarchie stets über das von der kulturellen Mitte Europas weit entfernte Reich der »Halbwilden« gestellt. An dieser Wahrnehmung änderten die enger werdende Nachbarschaft und die fortschreitende Europäisierung des Reichs wenig. Um den »Tataren« zum Vorschein zu bringen, so ein Bonmot aus dem 19. Jahrhundert, reiche es aus, »am Russen zu kratzen«.

Auf der Burg Hohenzollern bei Hechingen, dem Stammsitz der preußischen Könige und deutschen Kaiser, war von Oktober 2016 bis Januar 2017 die Ausstellung »300 Jahre Romanow und Hohenzollern« zu sehen, die vor dem Hintergrund der dynastischen Verbindungen der Fürstenhäuser von der engen Verflechtung russischer und deutscher Kultur erzählte. Der Schlossherr Georg Friedrich Prinz von Preußen und seine Ehefrau Prinzessin Sophie erklärten gemeinsam mit dem Leiter des Außenamts des Moskauer Patriarchats, Metropolit Hilarion, den Eröffnungstag auf der Burg Hohenzollern zum Tag der deutsch-russischen Freundschaft. Ihre Begründung dazu hat bei mir einen nachhaltigen Eindruck hinterlassen, denn Hausherr und Gast brachten die Gemeinsamkeiten und Gegensätze zwischen den Ländern und ihren Völkern auf einen, wie ich meine, klugen Nenner: »Russland ist anders, Deutschland auch.« Sie wollten damit auf die Bedeutung des deutsch-russischen Verhältnisses für die Gegenwart und Zukunft in Europa aufmerksam machen, verbunden mit einem tiefen Bedauern darüber, dass Deutsche und Russen sich zunehmend entfremden.

Dennoch gehören sie einem gemeinsamen europäischen Geistes- und Kulturraum an, der sich im intensiven gegenseitigen Austausch entwickelt hat. Europa verdankt dem Riesenreich im Osten großartige Beiträge – in der Literatur, in der Kunst, in der Musik, in der Philosophie, in der Wissenschaft. In der Regierungszeit von Katharina der Großen, der gebürtigen Prinzessin von Anhalt-Zerbst, wird Russland nicht nur zu einem Faktor im politischen Beziehungsgeflecht der europäischen Staaten, sondern rückt auch ins Zentrum der europäischen Kultur und Wissenschaft.

Seitdem haben die dichterischen Meisterwerke von Alexander Puschkin, die großen Romane von Lew Tolstoi, Iwan Turgenjew und Fjodor Dostojewski oder die Kurzgeschichten und Theaterstücke Anton Tschechows die europäische Literatur reicher gemacht. Die Kompositionen von Pjotr Tschaikowski, Igor Strawinsky, Sergej Prokofjew oder Dmitrij Schostakowitsch rufen Begeisterung in den europäischen Konzertsälen hervor. Die russische Avantgardekunst, zu deren bekanntesten Vertretern Marc Chagall, Wassily Kandinsky und Kasimir Malewitsch zählen, ging im frühen 20. Jahrhundert auf dem Weg zur Moderne voran. Die Aufführungen Wsewolod Meyerholds und das Kino Sergej Eisensteins revolutionierten die europäische Theater- und Filmkunst. Das Periodensystem der Elemente des Chemikers Dmitrij Mendelejew gehört ebenso zu den großen Leistungen der europäischen Wissenschaftsgemeinde wie der Hund des Physiologen Iwan Pawlow, den wir zitieren, wenn es um reflexhaftes Verhalten beim Menschen geht.

Der Historiker Christoph Stölzl hat 2015 in einem feinsinnigen Essay viele dieser Namen und ihre Bedeutung für die europäische Kultur ins Gedächtnis gerufen, um eben jener Auffassung, dass Russland nicht zu Europa gehöre, entgegenzutreten und darauf hinzuweisen, dass beide in Literatur, Kunst und Wissenschaft seit Jahrhunderten nicht zu trennen sind. Russland und Europa teilen »denselben Raum« und die »dieselbe Kultur«.[51] Aber – sie sind eben auch »anders«.

Ungleiche Geschwindigkeiten

Russland besinnt sich heute mit seiner »gelenkten Demokratie« auf Ordnungs- und Wertemuster aus seiner Vergangenheit. In dieser Vergangenheit hat das Land keine demokratischen, liberalen Traditionen wie Westeuropa aufzuweisen, wo in den pluralistischen Gesellschaften Werte wie Freiheit, Rechtsstaatlichkeit, Menschenrechte und Minderheitenrechte heute höchste Priorität genießen. Steht Russland deshalb außerhalb des europäischen Kulturkreises? Wir sollten uns mit solchen Urteilen zurückhalten und – einmal mehr – nicht zu rechthaberisch sein. Denn auch die westeuropäische Tradition ist weiß Gott nicht ohne Tadel: Im Deutschland der Zwischenkriegszeit ist aus einer parlamentarischen Demokratie eine verbrecherische totalitäre Diktatur hervorgegangen. Ungeist und Unkultur sind auch Teil der deutschen Geschichte und Erinnerung.

Heute können wir auf unsere freie und offene Gesellschaft stolz sein. Darüber sollten wir nicht vergessen, dass wir diese liberale Entwicklung in einem nicht immer einfachen, zum Teil langwierigen Prozess genommen haben – mit völlig anderen Startvoraussetzungen und nicht ohne Hilfe von außen. Nach 1945 stützten die westlichen Alliierten, allen voran die USA, den Wiederaufbau einer Demokratie in Deutschland. Dieser konnte vor allem deshalb gelingen, weil man auf rechtsstaatliche und demokratische Traditionen zurückgreifen konnte. Heute verlangen wir von Russland, das gleichfalls ein schweres historisches Erbe trägt, ein ebensolches Schrittmaß und einen ebensolchen raschen und nachhaltigen Erfolg. Dabei übersehen wir mitunter, dass der traumatische Übergang zu Demokratie und Marktwirtschaft in den Neunzigerjahren die Bürde der Vergangenheit eher noch vergrößerte und dass Russland aus einer gänzlich nichtdemokratischen Tradition kommt. Natürlich kann es da nicht mit Deutschland mithalten.

Wir stellen Russland ins Abseits des europäischen Kulturraums, weil wir es nur an unserem Hier und Jetzt messen. Dieses ist jedoch nicht das Hier und Jetzt der russischen Gesellschaft und auch nicht das der meisten anderen auf der Erde, es ist nicht einmal das aller Gesellschaften der Europäischen Union. Die Europäer müssen heute erkennen, dass sie es innerhalb ihrer Gemeinschaft mit ganz unterschiedlichen kulturellen Entwicklungsstadien zu tun haben – mit dem Phänomen der »Gleichzeitigkeit des Ungleichzeitigen«. Die unterschiedlichen Ansichten über Demokratie, Migration oder auch Homosexualität in den östlichen und westlichen Staaten, die heute in der Europäischen Union aufeinandertreffen, zeigen deutlich, dass in den Gesellschaften Denkweisen mehrerer Zeitebenen gleichzeitig nebeneinander bestehen. Während die westeuropäischen Gesellschaften in den vergangenen Jahrzehnten, noch einmal beschleunigt durch den Globalisierungsprozess, immer multikultureller, multiethnischer und multireligiöser wurden, blieben viele osteuropäische abgeschottet – fast wie eh und je. Ungarn, die Slowakei, Bulgarien, Litauen, Polen und Rumänien sind zum Teil ethnisch verhältnismäßig homogene Länder, ihre Bevölkerungen weisen die geringsten Ausländeranteile in der Europäischen Union auf.

Der Disput über Migration und Minderheiten zeigt, dass die Ideen der liberalen Demokratie selbst in der

Wertegemeinschaft der Europäischen Union nicht überall auf gleichermaßen fruchtbaren Boden fallen. Europa erlebt heute seinen »Galapagos-Moment«, wie es der britische Politikwissenschaftler Mark Leonard genannt hat.[52] Das politische System der Europäischen Union habe sich wie die Artenvielfalt der Galapagos-Inseln in einem abgeschlossenen Biotop weit entfernt von der Welt herausgebildet. Es ist heute vielleicht das beste, das es gibt – aber nicht alle Staaten auf der Erde, nicht einmal die in der Nachbarschaft entscheiden sich für dieses System. Die Europäische Union, so Leonard, mache heute die gleiche Erfahrung wie vor einigen Jahren die japanischen Elektronikkonzerne, die ihre 3G-Smartphones auf dem Weltmarkt nicht verkaufen konnten, weil sie für die Territorien außerhalb der eigenen Inselnation technisch einfach zu weit entwickelt waren. Diese Analogie greift auch Ivan Krastev auf. »Die postmoderne Ordnung Europas«, erklärt er, »ist möglicherweise derart fortgeschritten und speziell an ihre eigene Umwelt angepasst, dass die anderen ihr nicht folgen können.«[53]

Nicht nur in der Welt, sondern auch auf dem europäischen Kontinent entwickeln sich die Länder in unterschiedlichen Geschwindigkeiten. Die Diskrepanzen in der gesellschaftlichen und kulturellen Entwicklung sollten wir im Sinne einer »Gleichzeitigkeit des Ungleichzeitigen« begreifen. Es wird nicht gelingen, diese von heute auf morgen zu beseitigen. Nicht in der europäischen Gemeinschaft und schon gar nicht in einem eher autokratisch geführten Land wie Russland. Versuche, Demokratien in diversen Regionen dieser Welt einzurichten, haben wir zur Genüge gesehen. Die Politik des gewaltsamen Regime Change ist im Nahen Osten gründlich gescheitert, sie hat nur noch mehr Chaos und Terror geschaffen und mehr

Menschen zur Flucht gezwungen. Wir haben das in Europa zu spüren bekommen.

Der liberalen Demokratie und dem politischen Modell der Europäischen Union gehören die Zukunft im 21. Jahrhundert, davon bin ich fest überzeugt. Sie sind das Beste, was wir haben. Deutschland ist einen eigenen, langen und schwierigen Weg nach Europa gegangen. Wir sollten auch anderen Ländern in Europa, und vor allem Russland, ihren eigenen, vielleicht auch sehr langen Weg zugestehen. Wir können ihn nicht abkürzen, und natürlich können wir auch nicht sicher sein, wohin er am Ende führen wird. Wenn uns aber ein gemeinsames Haus Europa am Herzen liegt, sollten wir diesen Weg ebnen, indem wir uns auf das Motto des früheren Bundespräsidenten Johannes Rau besinnen: »versöhnen statt spalten«.

Die Völker der Sowjetunion – vor allem Ukrainer, Weißrussen und Russen – haben Deutschland geholfen, den Weg nach Europa zu gehen. Für die Befreiung vom nationalsozialistischen Terrorregime haben sie unermessliche Opfer gebracht. In einer Zeit, in der Deutsche und Russen sich voneinander entfremden und die Feindbilder in die Gesellschaften zurückkehren, ist es wichtiger denn je zu zeigen, dass Deutschland die Erinnerung an das Leid, das es über die sowjetischen Menschen gebracht hat, wachhält.

Verantwortung für die Vergangenheit

In seiner Geschichte des 20. Jahrhunderts, die den zum geflügelten Wort gewordenen Titel *Das Zeitalter der Extreme* trägt, stellt Eric Hobsbawm fest: »Die Zerstörung der Vergangenheit oder vielmehr die jenes sozialen Mechanismus, der die Gegenwartserfahrung mit derjenigen früherer Generationen verknüpft, ist eines der charakteristischsten und unheimlichsten Phänomene des späten 20. Jahrhunderts. Die meisten jungen Menschen am Ende dieses Jahrhunderts wachsen in einer Art permanenter Gegenwart auf, der jegliche organische Verbindung zur Vergangenheit ihrer eigenen Lebenszeit fehlt.«[54] Was der große britische Historiker, der als jüdischer Schüler in Berlin noch die Anfänge der Nazi-Zeit erlebte, unseren modernen Gesellschaften ins Stammbuch schreibt, muss ganz besonders uns Deutsche innehalten lassen.

Das Gedenken an die schweren und düsteren Kapitel der eigenen Geschichte ist Deutschland wie kaum einer anderen Nation auf den Weg gegeben. Und wie kaum eine andere Nation trägt Deutschland Verantwortung für die Erinnerung an die nationalsozialistische Gewaltherrschaft und den Zweiten Weltkrieg. »Die Jungen«, hat Bundespräsident Richard von Weizsäcker in seiner historischen und wegweisenden Rede zum vierzigsten Jahrestag des Kriegsendes am 8. Mai 1985 im Deutschen Bundestag gesagt, »sind nicht verantwortlich für das, was damals geschah. Aber sie sind verantwortlich für das, was in der Geschichte daraus wird. Wir Älteren ... müssen den Jüngeren helfen zu verstehen, warum es lebenswichtig ist, die Erinnerung

151

wachzuhalten.« Heute, da die Älteren immer weniger werden, die Kriegsgeneration langsam ausstirbt, wächst die Verantwortung für die Aufgabe, die Vergangenheit nicht in Vergessenheit geraten zu lassen. Es ist eine Verantwortung, für die es keinen Schlussstrich gibt.

Die Deutschen haben in den Jahrzehnten nach dem Krieg erfahren, wie mühsam und wie schmerzhaft die Auseinandersetzung mit der eigenen Geschichte und der Prozess der Vergangenheitsbewältigung sein können. Sie haben auch erlebt, wie Aufarbeitung und demütiges Annehmen der Vergangenheit im Westen und im Osten Freundschaft und Versöhnung brachten. Weltweit und auch bei uns gilt vielen die deutsche Vergangenheitsbewältigung als vorbildlich. Doch dürfen wir unsere Aufarbeitungs- und Erinnerungskultur wirklich mit uneingeschränktem Stolz präsentieren? Zumindest, wenn es um die Millionen Menschen aus Osteuropa und der Sowjetunion geht, die Opfer der Verbrechen des Nationalsozialismus wurden, weist unsere Erinnerungskultur Defizite auf.

Am 22. Juni 1941 begann mit dem Überfall auf die Sowjetunion das »Unternehmen Barbarossa« – ein Vernichtungskrieg nie da gewesenen Ausmaßes, der eine das Fassbare übersteigende Zahl von 27 Millionen Menschen das Leben kostete. Der brutale Feldzug gegen die Völker der Sowjetunion sollte für die überlegene germanische Rasse »Lebensraum im Osten« schaffen. Hitler hatte die Führung der deutschen Wehrmacht aufgefordert, einen »Vernichtungskampf« gegen die »minderwertigen Slawen« zu führen. Dafür waren neue Weisungen für die Kriegführung erlassen worden, die die bis dahin noch eingehaltenen Konventionen für die Behandlung von Kriegsgefangenen und Zivilisten außer Kraft setzten. Von vornherein ging es um die Versklavung und Dezimierung der Bevölkerung. Die Vernichtung war organisiert und effektiv. Der Gewaltexzess war kalkuliert. Mehr als drei der fast sechs Millionen in Gefangenschaft geratenen Soldaten der Roten Armee ließ die Wehrmacht an Kälte, Hunger, Durst, Krankheiten und Seuchen sterben oder erschießen; zwei Millionen sowjetische Juden wurden umgebracht; eine Million Menschen starben während der Hungerblockade Leningrads; über eine Million Opfer forderte die Politik »der verbrannten Erde« – auf dem Rückzug aus dem Osten zerstörten deutsche Soldaten Tausende Städte und Dörfer, allein in Weißrussland wurden mehr als 600 Dörfer dem Erdboden gleichgemacht. Anders als das französische Dorf Oradour-sur-Glane, in dem die Waffen-SS 1944 ein Massaker an der Dorfbevölkerung verübte, die toskanische Gemeinde Sant'Anna di Stazzema, in der im selben Jahr 560 Menschen, fast ausschließlich Ältere, Frauen und Kinder, getötet wurden, oder das tschechische Lidice, das 1942 von den Deutschen ausgelöscht wurde, sind die Namen der weißrussischen Dörfer unbekannt und ihr Schicksal unbeachtet geblieben.

Natürlich wurde auch in Weißrussland begrüßt, dass Bundespräsident Joachim Gauck 2013 als erster deutscher Repräsentant nach Oradour-sur-Glane kam und dass er auch Sant'Anna di Stazzema und Lidice besuchte, um dort der Opfer der nationalsozialistischen Untaten zu gedenken – allesamt ganz sicher wichtige Marksteine der Erinnerung. Und doch hat die Würdigung dieser Orte vielen Menschen in Weißrussland die mehr als 600 vernichteten Dörfer in ihrem Land noch einmal deutlicher ins Bewusstsein gerufen und bei etlichen wohl den unangenehmen Beigeschmack hinterlassen, Opfer zweiter Klasse zu sein. Ich habe das in Gesprächen vor Ort als einer der Kuratoren des Internationalen Bildungs- und Begegnungswerks immer wieder erfahren. Das Bildungswerk, das sich Friedens- und Versöhnungsarbeit in Osteuropa zur Aufgabe macht, hat mit der seit mehr als zwanzig Jahren bestehenden Begegnungsstätte »Johannes Rau« in Minsk einen gemeinsamen Ort der Verständigung und Aussöhnung aufgebaut, an dem die Wunden der Vergangenheit heilen können.

Bundespräsident Frank-Walter Steinmeier setzt ein wichtiges Zeichen, indem er auch der Orte im Osten Europas gedenkt, die auf der Landkarte der Erinnerung abseits liegen. Orte, über die die meisten Deutschen so wenig wissen wie über die Taten, die dort verübt wurden. Die polnische Kleinstadt Wieluń zum Beispiel, das erste Angriffsziel des Überfalls auf Polen, in der die deutsche Luftwaffe mehr als tausend Einwohner tötete. Oder das unweit von Minsk gelegene Malyj Trostenez in Weißrussland, wo zu Zehntausenden weißrussische, deutsche, österreichische und tschechische Juden, sowjetische Kriegsgefangene und weißrussische Widerstandskämpfer ermordet wurden. Hier eröffnete der Bundespräsident, der als erstes deutsches Staatsoberhaupt Weißrussland besuchte, im Juni 2018 gemeinsam mit dem österreichischen Bundespräsidenten Alexander Van der Bellen und dem weißrussischen Präsidenten Alexander Lukaschenko einen neuen Abschnitt der Gedenkstätte Malyj Trostenez. Dieser wurde unter anderem mit Geldern einer vom Internationalen Bildungs- und Begegnungszentrum »Johannes Rau« organisierten Förderinitiative errichtet.

In den Nachfolgestaaten der Sowjetunion hat beinahe jede Familie ihre eigene Geschichte vom schrecklichen Leid, das die Deutschen über sie gebracht haben. Das ganze Ausmaß der Vernichtung rückte spät in das Bewusstsein größerer Teile der deutschen Bevölkerung. Erst nach dem Ende des Kalten Krieges wurde mit einer Sonderausstellung der Berliner Stiftung Topographie des Terrors von 1990/1991 sowie den beiden Wehrmachtsausstellungen ab 1995 das Wissen über die nationalsozialistischen Verbrechen in der Sowjetunion einer breiteren deutschen Öffentlichkeit vermittelt. Seit 1995 erinnert das heute von Deutschland, Russland, Weißrussland und der Ukraine gemeinsam getragene Deutsch-Russische Museum Berlin-Karlshorst am historischen Ort der Wehrmachtskapitulation an den Vernichtungskrieg im Osten Europas.

Der Überfall auf die Sowjetunion jährte sich 2016 zum fünfundsiebzigsten Mal. An diesem Tag blieb es in Deutschland sehr still um die Erinnerung an die deutschen Verbrechen. In Berlin war der Jahrestag des Angriffs auf die sowjetischen Völker kein Datum für ein offizielles deutsches Gedenken, nicht in Form von Veranstaltungen der Bundesregierung, nicht im Bundestag. Dort gab es unter »Tagesordnungspunkt 4«, dem letzten am späten Nachmittag, sechzig Minuten »Debatte« zum Überfall – das war alles.

Am 8. September 1941 wurde Leningrad, das heutige St. Petersburg, von der deutschen Wehrmacht eingeschlossen. Die Belagerung der Stadt an der Newa mit fast drei Millionen Einwohnern ist eines der größten deutschen Kriegsverbrechen des Zweiten Weltkriegs. Leningrad sollte verhungern. Die Stadt nicht einzunehmen, sondern von der Versorgung abzuschneiden, war vor allem eine kriegsökonomische Entscheidung. Im Tagebuch der Heeresgruppe Nord heißt es im Oktober 1941, es herrsche in der Truppe volles Verständnis dafür, dass »die Millionen Menschen, die in Leningrad eingeschlossen seien, von uns nicht ernährt werden können, ohne dass sich dies auf die

155

Ernährung im eigenen Land nachteilig auswirkt«.[55] Nach 872 Tagen, am 27. Januar 1944, endete das Hungermartyrium der Leningrader. Die Rote Armee befreite die Stadt. Eine Million Menschen, unter ihnen Hunderttausende Kinder, waren gestorben, die meisten von ihnen verhungert. Es war ein »Völkermord mit Ansage«.[56]

Den fünfundsiebzigsten Jahrestag der Befreiung Leningrads im Januar 2019 nahm Deutschland zum Anlass, das Startsignal für ein Projekt zur Unterstützung von Überlebenden der Blockade im Umfang von zwölf Millionen Euro zu geben – als »Geste der Versöhnung und des Erinnerns«. Russland forderte ein solches Zeichen der Anerkennung, seit Deutschland 2008 die jüdischen Opfer der Blockade entschädigt hatte. Deutschlands begrüßenswerte, späte humanitäre Geste wurde nicht von einer Gedenkveranstaltung für die Opfer begleitet.

Das bewusste Aushungern Leningrads hat bis heute keinen festen Platz im deutschen Gedächtnis. Dabei hatte es vorübergehend so ausgesehen, als führte endlich ein Weg dorthin. Bundeskanzler Gerhard Schröder legte 2001 gemeinsam mit dem russischen Präsidenten Wladimir Putin einen Kranz für die Opfer der Blockade auf dem Gedenkfriedhof in St. Petersburg nieder. Der russische Schriftsteller Daniil Granin, ein Überlebender der Blockade, wurde 2014 eingeladen, im Deutschen Bundestag zum Tag der Opfer des Nationalsozialismus am 27. Januar – zugleich der Tag, an dem die Belagerung endete – über seine Erinnerungen an die Blockade der Stadt zu sprechen. Wir müssen auf diesem Weg weitergehen. Noch 2011 befanden Historiker: »Anders als ›Stalingrad‹ bleibt ›Leningrad‹ ein weißer Fleck.« Heute müssen wir alles dafür tun, dass die menschliche Tragödie der Stadt nicht wieder zu einer solchen »Leerstelle der Erinnerung« wird.[57]

Es sind Jahrestage wie der des Überfalls auf die Sowjetunion oder der Befreiung Leningrads, an denen mir Zweifel an der deutschen Erinnerungspolitik kommen. Bisweilen beschleicht mich das ungute Gefühl, dass unser Gedenken Prioritäten setzt, dass die Opfer des Krieges in der Sowjetunion, die bis heute nie einen angemessenen Platz im deutschen Gedächtnis hatten, im Schatten der Erinnerung bleiben.

Wenn der ehemalige Leiter des Museums Berlin-Karlshorst, Peter Jahn, feststellt, dass mit der sich zuspitzenden Konfrontation zwischen der NATO und Russland seit 2014 auch die Bereitschaft sinke, »die eigene Täterrolle im Krieg gegen die Sowjetunion anzuerkennen«, ist das ein niederschmetternder Befund für den Zustand der deutschen Gedenkkultur.[58] Er hat weitreichende Konsequenzen für die Beziehungen zwischen Deutschen und Russen.

In Gesprächen mit den Menschen in Russland spüre ich immer wieder eine tief empfundene Kränkung über mangelnde Empathie in unserem Land. Die große Versöhnungsleistung des russischen Volkes werde von uns Deutschen nicht ausreichend gewürdigt. Der Vertrauensvorschuss, den Moskau dem deutschen Volk mit dem Geschenk der deutschen Einheit entgegenbrachte, werde nicht angemessen honoriert. Schlimmer noch: Deutschland, so ein verbreitetes Empfinden, lasse den gebührenden Respekt gegenüber den Opfern des Angriffs auf die Sowjetunion vermissen. In den dunklen Kapiteln der gemeinsamen Geschichte, den schmerzlichsten Einschnitten im Verhältnis von Russen und Deutschen überhaupt, liegen noch heute auch die schmerzlichsten Enttäuschungen.

In einer Zeit der schweren Spannungen, in einer Zeit, in der der Frieden auch auf unserem Kontinent nicht mehr selbstverständlich ist, muss es das Gebot der Stunde sein, die Erinnerung an das Leid, das Deutsche über die Menschen in der Sowjetunion gebracht haben, wachzuhalten, den Opfern den Respekt zu zeigen, den wir ihnen schulden, und Aussöhnung zu suchen. Historische Sensibilität und Aufrichtigkeit können helfen, Gräben, die heute wieder so tief sind wie im Kalten Krieg, zuzuschütten.

Ebenso wahr ist der Umkehrschluss: Historische Instinktlosigkeit und Klitterei können die Gräben zwischen Europa und Russland weiter vertiefen. Wir erleben gegenwärtig, wie das Europäische Parlament achtzig Jahre nach dem Überfall der deutschen Wehrmacht auf Polen am 1. September 1939 und dem Beginn des Zweiten Weltkriegs genau das tut. Mit großer Mehrheit hat das Parlament in Straßburg im September 2019 eine erinnerungspolitische Resolution verabschiedet. In der von Polen und Balten initiierten Entschließung zum Jahrestag des Kriegsbeginns und zur »Bedeutung des europäischen Geschichtsbewusstseins für die Zukunft Europas« wird die große Bedeutung des Gedenkens »für die Stärkung der Widerstandskraft Europas gegen die aktuellen Bedrohungen von außen« hervorgehoben. Die Sorge des Europäischen Parlaments richtet sich dabei unter anderem auf die »Bemühungen der derzeitigen russischen Führung, historische Tatsachen zu verfälschen und die vom totalitären Regime der Sowjetunion begangenen Verbrechen schönzufärben«. Diese Bemühungen betrachtet das Parlament »als eine gefährliche Komponente des Informationskriegs gegen das demokratische Europa, der auf die Spaltung des Kontinents abzielt«. Unter dem Hinweis auf die Gegenwart, in der »es mittlerweile zur alltäglichen amtlichen Rhetorik in Russland gehört, die russische Verantwortung zu bestreiten und die Schuld für Feindseligkeiten auf den Westen abzuwälzen«, rekurriert die Entschließung auf die Vergangenheit und betont, »dass der Zweite Weltkrieg, der verheerendste Krieg in der Geschichte Europas, durch den auch als Molotow-Ribbentrop-Pakt bezeichneten berüchtigten Nichtangriffsvertrag zwischen dem nationalsozialistischen Deutschen Reich und der Sowjetunion vom 23. August 1939 und seine geheimen Zusatzprotokolle ausgelöst wurde«. Abschließend weist das Parlament darauf hin, »dass es im öffentlichen Raum (Parks, Plätzen, Straßen usw.) einiger Mitgliedstaaten weiterhin Denkmäler und Gedenkstätten gibt, die die sowjetische Armee, die diese Länder besetzt hat, glorifizieren«. Diese ebneten den Weg für eine »Verfälschung historischer Tatsachen über die Ursachen, den Verlauf und die Folgen des Zweiten Weltkriegs«.[59]

Das Europäische Parlament hat achtzig Jahre nach dem deutschen Angriff auf Polen die Geschichte neu gedeutet. Als Kriegsverursacher erscheinen die Vertragspartner des Nichtangriffspakts, also Deutschland und die Sowjetunion gleichermaßen. Das Ende des Krieges in Europa und die Befreiung von der nationalsozialistischen Gewaltherrschaft, zu der wesentlich auch die Völker der Sowjetunion – Russen, Ukrainer und Weißrussen – beitrugen, erscheint nur als Besatzung.

Wenn ein Land die Verpflichtung hat, den geschichtlichen Tatsachen ins Auge zu blicken und sich dieser wahrhaftig zu erinnern, dann ist es Deutschland. Es darf uns nicht gleichgültig lassen, dass heute das Europäische Parlament die deutsche Vergangenheit relativiert. Richard von Weizsäcker hat zum vierzigsten Jahrestag des Kriegsendes im Deutschen Bundestag gemahnt, dass, wer die Augen vor der Vergangenheit verschließt, »blind für die Gegenwart« und »anfällig für neue Ansteckungsgefahren« werde.[60] Deutschland hat in der Geschichte des vergangenen Jahrhunderts seine unübersehbare, unheilvolle Signatur hinterlassen. Niemand sollte daran herumradieren.

Wenn es eine Lehre aus der deutschen Geschichte gibt, dann die, dass unser Land wie kein anderes Verantwortung für den Frieden trägt. Der polnische Regierungschef Donald Tusk mahnte bei der Gedenkfeier genau siebzig Jahre nach Beginn des Zweiten Weltkriegs auf der Westerplatte bei Danzig – an der Bundeskanzlerin Angela Merkel gemeinsam mit Russlands Ministerpräsident Wladimir Putin teilnahm –, dass »ohne aufrichtiges Gedenken weder Europa noch Polen oder die Welt jemals in Sicherheit leben können«. Wir sollten die Gefahr, die von der erinnerungspolitischen Volte des Europäischen Parlaments ausgeht, nicht unterschätzen. Nicht für Deutschland, wo Vertreter der erstarkenden Rechtskonservativen den Nationalsozialismus schon einmal zum bloßen Fleckchen kleinreden, das ein befiederter Luftbewohner »in über tausend Jahren erfolgreicher deutscher Geschichte« hinterlassen habe. Nicht für die Europäische Union, in der die Wahlen im Mai 2019 die rechtspopulistischen und rechten Parteien gestärkt und Europa weiter geschwächt und gespalten haben. Und nicht für den europäischen Kontinent insgesamt, der in den letzten Jahren immer unsicherer geworden ist.

Deutschland muss seine friedenspolitische Verantwortung ernst nehmen. Wir können nicht einfach zusehen, wie das Gedenken an die Verbrechen des vergangenen Krieges heute für die Konfrontation zwischen Europa und Russland instrumentalisiert wird und die Gräben auf dem Kontinent noch tiefer werden. Erinnern können wir nicht anders begreifen als den Auftrag, Verständigung und Ausgleich miteinander zu suchen, um den Frieden in

Europa auch in Zukunft zu wahren. Wir dürfen das auch von Russland erwarten. Bundespräsident Frank-Walter Steinmeier trug sich bei seinem Besuch der Menschenrechtsorganisation Memorial in Moskau am 25. Oktober 2019 ins Gästebuch ein mit Worten, die uns aus der Seele sprechen müssen: »Die Vergangenheit zu kennen, sie nicht zur Waffe zu schmieden, sondern mit all' ihren hellen und dunklen Seiten anzunehmen, ist Grundlage für eine friedliche Zukunft.«

Wir Deutsche haben immer wieder erfahren dürfen, was Verzeihen bedeutet – gerade auch in Russland. An den Stätten der größten Tragödien des Zweiten Weltkriegs, auf den einstigen Schlachtfeldern bei St. Petersburg, Wolgograd oder Kursk sind wir auch heute oft als Freunde willkommen. Das ist alles andere als selbstverständlich.

Im Juni 2016 hatte ich die Ehre, dem russischen Schriftsteller Daniil Granin in seiner Heimatstadt St. Petersburg den Friedrich-Joseph-Haass-Preis zu überreichen, eine Auszeichnung, die das Deutsch-Russische Forum jedes Jahr für besondere Verdienste um die Verständigung zwischen Deutschen und Russen vergibt. Die Begegnung mit dem damals Siebenundneunzigjährigen, der 2017 leider verstorben ist, hat bei mir einen tiefen Eindruck hinterlassen. Daniil Granin kämpfte als junger Freiwilliger gegen die Deutschen, erlebte die Gräuel des Krieges und die Blockade Leningrads am eigenen Leib. In der Schule hatte er Deutsch gelernt, Goethe und Schiller gelesen. Im Krieg lernte er ein anderes Deutschland kennen – und hassen.

Im Deutschen Bundestag berichtete Granin 2014 von der grausamen Belagerung Leningrads, »wo der Krieg zu einem Krieg gegen die Einwohner der Stadt wurde, indem man anstelle von Soldaten den Hunger einmarschieren ließ«, wo der Tod »leise, mucksmäuschenstill, tagein und tagaus, Monat um Monat alle 900 Tage lang« gekommen sei. Und auch davon, wie schwer es ihm gefallen sei, sich Deutschland, dem Land des Feindes, nach dem Ende des Krieges wieder anzunähern – und zu verzeihen.

In Daniil Granins Leben spiegelt sich die Geschichte von Deutschen und Russen im vergangenen Jahrhundert. Granin ist den langen und beschwerlichen Weg der Aussöhnung gegangen. Dieser Weg »vom Hass zum Verständnis und zur Freundschaft«, schrieb er 1994, habe ihn »weit mehr Jahre als der Krieg« gekostet.[61] Granin hat erst spät begonnen, über seine Kriegserfahrungen zu schreiben. In seinem 2011 erschienenen Roman *Mein Leutnant* hat er seine Erinnerungen an den Krieg mit all seinen Grausamkeiten – seine »Schützengrabenwahrheit«, wie er es nannte – literarisch verarbeitet. Seine Kriegserzählung führt uns nicht nur vor Augen, was für ein kostbares Gut der Frieden ist, sondern auch, wie beeindruckend die Aussöhnungsleistungen des Schriftstellers selbst und die seines Volkes sind, das so furchtbar im Krieg gegen das nationalsozialistische Deutschland leiden musste. In unseren Köpfen ist all das heute oft viel zu wenig präsent.

Helmut Schmidt, der für die deutsche Ausgabe von *Mein Leutnant* ein Vorwort verfasste, und Daniil Granin standen sich im Krieg an derselben Front gegenüber. Beide hatten Glück und überlebten den Krieg. Schmidt lernte Granin erst 2014 persönlich kennen – in einer Zeit, wie Schmidt bekannte, in der es ihm geradezu unvorstellbar erschien, dass sie einander je als Feinde hatten gegenüberstehen können. Darüber schrieb er: »Heute treffen wir uns als Freunde, nicht als Feinde. Das ist ein wunderbares Geschenk der Geschichte.«[62] Die allermeisten von uns haben die schreckliche Erfahrung des Krieges nicht mehr machen müssen. Wissen wir dieses »wunderbare Geschenk

162

der Geschichte« zu schätzen? Und tun wir wirklich alles dafür, dass unser Kontinent auch morgen ein friedlicher sein wird? Ich bin mir da nicht immer sicher.

VII. Ostpolitik –
Verantwortung für die Zukunft

Vom Krieg geprägt

»Friedenspolitiker« – heute hat das Wort einen eher anti-quierten Anklang. Im Europa des 21. Jahrhunderts wirkt es aus der Zeit gefallen. Fast schon ein historisches Relikt, bleibt das Attribut in unserem Land vor allem mit den Namen Willy Brandt und Egon Bahr verbunden. Beide hatten ihre Überzeugung, dass Frieden auf dem alten Kontinent eine europäische Aufgabe ist, für die Deutschland wie kein anderes Land Verantwortung trägt, aus den Jahren des Krieges mitgebracht.

Brandt leistete im norwegischen Exil Widerstand gegen Hitlers Diktatur, musste, als die Wehrmacht Norwegen besetzte, nach Schweden fliehen und kehrte, als der Krieg zu Ende war, nach Deutschland zurück. Hier trat er jenen politischen Weg an, von dem er im späten Rückblick mit Fug und Recht sagen konnte: »Mein eigentlicher Erfolg war, mit dazu beigetragen zu haben, dass in der Welt, in der wir leben, der Name unseres Landes, Deutschland also, und der Begriff des Friedens wieder in einem Atemzug genannt werden können.«[63]

Bahr wurde Soldat im Zweiten Weltkrieg. Hitler konnte er als Junge durchaus etwas abgewinnen, und auch der Krieg schien ihm zunächst nichts allzu Abscheuliches – ganz anders als seinem Vater. Der hatte schon 1933 gesagt, dass Hitler Krieg bedeute, und, als er dann kam, prophezeit, dass er nicht zu gewinnen sei. Dem Sechzehnjährigen schien das »ziemlich unwahrscheinlich«. Er meldete sich freiwillig zur Luftwaffe. Noch vor Kriegsende wurde er als »wehrunwürdig« aus der Wehrmacht entlassen – wegen seiner Abstammung: Seine Großmutter, von der Familie in einer Laubenkolonie in Berlin-Köpenick versteckt gehalten, war Jüdin.

Egon Bahr war einundzwanzig Jahre alt, als er zum ersten Mal dem Tod ganz nahe war. Oft hat er am Ende seines Lebens davon erzählt, wie er am Silvesternachmittag 1943 mit der letzten Post des Jahres über ein freies Feld auf einem Flugplatz lief, als ein englischer Flieger Jagd auf ihn machte – drei Attacken, aber er traf nicht. »Schwein gehabt«, brachte Bahr es in seiner knappen, lakonischen Art auf den Punkt und erinnerte sich, wie er später einen Entschluss fürs Leben fasste: »Als der Krieg vorbei war, dachte ich: Gott sei Dank, du hast es überlebt. Gott sei Dank mit heilen Knochen. Gott sei Dank, dein Vater lebt noch. Und du wirst das dir Mögliche tun, damit eine solche Scheiße nie wieder passiert. Ich hatte eine Einstellung zum Leben gewonnen, die ich bis heute behalten habe.«[64]

Heute müssen wir uns wieder ernsthaft Sorgen um den Frieden auf unserem Kontinent machen. Der Leiter der Münchner Sicherheitskonferenz, Wolfgang Ischinger, schätzt das Risiko einer bewaffneten Auseinandersetzung in Europa gegenwärtig höher ein als in den letzten fünfundzwanzig Jahren und in der Spätphase des Kalten Krieges. Der ehemalige Generalinspekteur der Bundeswehr und frühere Vorsitzende des NATO-Militärausschusses, Harald Kujat, weist darauf hin, dass die konventionelle und nukleare Aufrüstung in den Vereinigten Staaten und Russland an Dynamik gewinnt. Die immer fortgeschritteneren Technologien vergrößern die Gefahr eines menschlichen oder technischen Versagens von Waffensystemen – auch infolge von Hacker- oder Cyberangriffen. Die rhetorische Zuspitzung trägt das Ihre bei. Der Westen und Russland nähern sich unaufhaltsam einem Punkt, an dem die Konfrontation zu einem nicht rückholbaren Vorgang werden könnte.

Wir bewegen uns in Europa auf gefährlichem Terrain – das zu erkennen bedarf es wahrlich keiner seherischen Fähigkeiten. Die Bilanz der außenpolitischen Bemühungen der letzten Jahre muss ernüchtern, wenn heute Fachleute wie Harald Kujat warnen, dass »wir ähnlich wie 1914 wie Schlafwandler in einen militärischen Konflikt taumeln könnten«. Doch weder Brüssel noch Berlin scheint das aus der diplomatischen Lethargie reißen zu können: Statt auf Staatskunst setzt man weiter vor allem auf militärische Stärke. Mangelt es, wie Kujat vermutet, »vielen heutigen Politikern an der sicherheitspolitischen Weitsicht und dem strategischen Urteilsvermögen, um die Gefahr zu erkennen«? Sicherheitspolitische Zauberlehrlinge also? Die Lehren der Vergangenheit jedenfalls scheinen vergessen – und mit ihnen die Rezepte der alten Meister.

Ich hatte das große Glück, in Egon Bahr »meinen« alten Meister zu finden. Er ist für mich einer der wichtigsten Politiker der zweiten Hälfte des vorigen Jahrhunderts. Ich habe Egon Bahr als einen sehr klugen und wachen Geist kennengelernt, der stets in großen Zusammenhängen dachte, sowohl zeitlich als auch räumlich – eine Autorität. Seine fundierten Analysen und seine tiefgehenden Einsichten habe ich genossen, wenn ich in seinem Büro im Willy-Brandt-Haus wieder einmal Station machte. Aus den Gesprächen mit Egon Bahr – er oft von dichtem Zigarettenrauch umwölkt – ging ich immer mit dem guten Gefühl heraus, mehr zu wissen als noch beim Hereinkommen – und ich weiß, dass es nicht nur mir so ging.

Mit der ganzen Erfahrung eines politischen Lebens gesättigt, können uns die Leitsätze Bahrs auch heute Orientierung geben – in einer Welt, die immer unübersichtlicher erscheint, und in einem Europa, in dem wieder spürbar geworden ist, dass Frieden alles andere als selbstverständlich ist. Sie haben nichts von ihrer Gültigkeit verloren. Der »Architekt der Entspannungspolitik« hielt seinen unbestechlichen Blick auf die Realitäten unserer Welt gerichtet, und diese Realitäten machte er zur Grundlage seiner politischen Schlussfolgerungen. Zuallererst die Geografie, die für ihn das verlässlichste Fundament der Außenpolitik bildete: Russland ist unser größter europäischer Nachbar, er liegt, wie Bahr es ausgedrückt hat, »unverrückbar« auf dem europäischen Kontinent. Und daran wird sich auch so schnell nichts ändern. Wir können uns diesen Nachbarn nicht wegwünschen. Egon Bahr hat es bis an sein Lebensende immer und immer wiederholt: Dauerhafte Sicherheit für Europa wird es nur gemeinsam mit Russland geben, nicht ohne und schon gar nicht gegen Russland. Das Verhältnis zu unseren russischen Nachbarn war ihm bis zuletzt eine Herzensangelegenheit, und ich verbinde damit meine schönste Erinnerung an Egon Bahr, dem das politische Denken bis ins hohe Alter sichtlich Freude bereitete.

Im Juli 2015 – nur wenige Wochen vor seinem Tod – reisten wir gemeinsam nach Moskau. Der langjährige Chefredakteur des *Bayernkuriers*, Wilfried Scharnagl, hatte ein Buch verfasst, in dem er für einen anderen Umgang mit Russland plädiert. Scharnagls Verleger hatte Egon Bahr eingeladen, das Buch gemeinsam mit Michail Gorbatschow in Moskau vorzustellen. Egon freute sich ungemein, Gorbatschow zu treffen, und war bestens aufgelegt – ein Gläschen Sekt zum Frühstück inklusive, zu dem er seine Begleiter mit schalkhaftem Lächeln ermunterte. Am Abend im Hotel Baltschug, unweit vom Kreml

170

direkt an der Moskwa gelegen, rief er gemeinsam mit Michail Gorbatschow dazu auf, wirklich alle Kraft, alle Ideen und Fähigkeiten zusammenzunehmen, um die Entwicklung in Europa nicht einfach so weiterlaufen zu lassen, um alles für eine Entspannung in den Beziehungen zwischen Russland und Deutschland zu tun und den Frieden auf unserem Kontinent zu sichern. Deutschland solle dafür, so Bahr, einen Schritt auf Russland zugehen: »2015 ist Deutschland der politisch und wirtschaftlich stärkste Faktor in Europa geworden. Aber militärisch, zur Beruhigung unserer vielen Nachbarn, sind wir keine Bedrohung. Wir könnten also wie zu Beginn der Entspannungspolitik sondieren und beginnen, einseitig Sanktionen gegen Russland abzubauen. Wir wollen wie damals eine festgefahrene Situation ändern und könnten bei einer positiven Resonanz auch alle Sanktionen beenden. Das liegt in unserer Kompetenz und entspricht unserem Interesse.« Zugeständnisse an Moskau zu machen, fügte er hinzu, »das war damals schwerer als heute«.

Egon Bahrs Auftritt in Moskau war ein Vermächtnis und zugleich ein Auftrag für die kommenden Generationen. In seiner direkten Art hat er uns, bevor er auf die Bühne ans Pult trat, gesagt: »Hört genau zu, viele Reden werde ich nicht mehr halten.« Wir wussten nicht, dass es seine letzte sein würde. Und doch lag über diesem Abend in Moskau, an dem die beiden großen alten Männer deutsch-russischer Politik auf die Beziehungen zwischen ihren Ländern und damit auch zurück auf ihr Lebenswerk schauten, ein Vorgefühl von letzten Worten.

Große Persönlichkeiten der Politik erkennt man auch daran, hat Egon Bahr einmal gesagt, dass in ihrem Leben eine »unverwechselbare Grundmelodie hörbar bleibt«. Die Grundmelodie in seinem Leben hatte ihm die Erfahrung des Krieges vorgegeben. Sie hieß: »Ein sicheres Haus für Europa bauen.« Sie darf auch heute nicht verklingen.

Friedenspolitik

Die deutsche Ostpolitik war ihrem Ursprung und Wesen nach Friedenspolitik. Sie sollte eine Aussöhnung der Deutschen mit den osteuropäischen Nachbarn anstoßen und dazu beitragen, das Verhältnis zwischen der westlichen demokratischen Welt und dem kommunistischen Ostblock zu entspannen, um den Frieden in Europa und der Welt zu wahren. In ihrer Rezeption standen diese Hauptziele eher im Hintergrund, und das von Beginn an. Am 15. Juli 1963 trugen Willy Brandt als Regierender Bürgermeister von Berlin und Egon Bahr als Pressechef des Senats in der Evangelischen Akademie Tutzing die Grundlagen der »neuen« Ostpolitik vor. Erstmals stießen die ostpolitischen Ideen auf eine starke Resonanz in der deutschen Öffentlichkeit.

Willy Brandt hatte schon seit den frühen Jahren des Kalten Krieges, der – beginnend mit der Berlin-Blockade 1948 und dem Korea-Krieg von 1950 bis 1953 – Deutschland, Europa und die Welt teilte, eigene Gedanken zu einer Entspannungspolitik entwickelt. Sie gründeten auf der Überzeugung, dass im Zeitalter der atomaren Bedrohung eine große militärische Auseinandersetzung nicht mehr Mittel der Politik sein konnte. »Wir nähern uns im Eiltempo dem Zeitpunkt«, erklärte Brandt 1955 und später, »an dem ein mit den modernsten Zerstörungsmitteln ausgetragener Weltkonflikt nicht mehr das Nebeneinander von Siegern und Besiegten hinterlassen würde, sondern nur noch eine große Zerstörung.« Daraus ergebe sich für die Blöcke im Westen und im Osten »bei aller Schärfe der weiterbestehenden Gegensätze ... ein gewisser Zwang zum Sprechen miteinander, um jedenfalls zu versuchen, die Spannungen insofern zu vermindern, dass es vielleicht gelingen könnte, ein friedliches Nebeneinanderleben der Staaten und Völker zu gewährleisten«.[65] Die Mächtigen hätten ein gemeinsames Interesse daran, »dass die Welt nicht in die Luft fliegt«, schon, »weil ja auch mal etwas schiefgehen kann, weil ... vorher nicht einzukalkulierende Faktoren selbstständig tätig werden können«.[66] Befremdlich aktuell wirken diese Zeilen heute, nach mehr als einem halben Jahrhundert.

Die Politik einer friedlichen Koexistenz beinhaltete auch eine Klarstellung: Eine militärische Befreiung der Staaten im Osten kam nicht infrage. Diese Hoffnung aber, so Brandt, habe der Westen bei den Menschen, die 1953 in der DDR und 1956 in Ungarn aufgestanden waren, geweckt. Gezeigt habe sich dann »ganz kühl und nüchtern, dass an ein militärisches Engagement nicht gedacht wurde, wohl auch nicht gedacht werden konnte, wegen der schon damals unüberschaubaren Konsequenzen«.[67] An die Stelle militärischer Gewalt setzte Brandt daher politische Initiative: »Wir brauchen so viel reale Berührungspunkte und so viel sinnvolle Kommunikationen wie möglich ... Gemeinsame Projekte ... zwischen Ost und West sollten uns willkommen sein. Insoweit bin ich für so viele Verbindungen auch zum kommunistischen Osten, wie jeweils erreichbar sind.« Denn: »Eine solche Konzeption kann zu einer Transformation der anderen Seite beitragen.«[68]

Dabei machte man sich übrigens – ganz im Unterschied zu heute – keine Illusionen, dass die Entwicklungen in den Gesellschaften selbst, deren Wandel man befördern wollte, gleichsam gesetzmäßig in Richtung Westen führen würden: »Dass man nicht glaubt«, äußerte Brandt 1958, »eine Entwicklung im bolschewistischen Russland und im übrigen kommunistisch regierten Teil der Welt ist nur dann eine Entwicklung, wenn sie eine Entwicklung zu uns hin ist. Es gibt manche, die so denken, aber es ist nicht ganz vernünftig, so zu denken. Schön wäre es vielleicht. Aber woher nehmen wir eigentlich das Recht zu glauben, dass die Regierungsformen, die sich für 20 Prozent der Menschheit infolge eines geschichtlichen Entwicklungsprozesses herausgebildet haben, nun mir nichts, dir nichts zum allein zu befolgenden Vorbild für die übrige Menschheit gemacht werden müssen?«[69]

Friedenspolitik bildete den Kern der Ostpolitik, die Willy Brandt und Egon Bahr in Tutzing vorstellten. Brandt erläuterte ein sehr langfristig gedachtes strategisches Konzept für eine Entspannung zwischen den Machtbereichen in Ost und West, ohne die es aus seiner Sicht wenige Aussichten auf Veränderungen in den Ostblockstaaten und auf eine friedliche Wiedervereinigung Deutschlands gab. Bahr konkretisierte Brandts Konzept mit Blick auf die Politik gegenüber der DDR und brachte sie auf die Formel, die zum Motto der Ostpolitik wurde: »Wandel durch Annäherung.« Diese Politik wirkte über die Grenzen Europas hinaus. Sie fügte sich nicht nur nahtlos in den mit John F. Kennedys »Strategie des Friedens« und in den im Tauwetter der späten Chruschtschow-Ära einsetzenden Entspannungsprozess, sondern vermochte diesem Prozess eine spürbare zusätzliche Dynamik zu verleihen.

Der Kalte Krieg ist seit drei Jahrzehnten Vergangenheit. Die großen Veränderungen in Europa und die deutsche Wiedervereinigung fielen nicht vom Himmel der Geschichte. Sie waren das Ergebnis einer langen und beharrlichen politischen Arbeit und eines diplomatischen Marathons, der auf immer auch mit dem Namen Egon Bahrs verbunden bleiben wird.

Als der Kalte Krieg
am kältesten war

Am 13. August 1961 begann die Führung der DDR damit, den Westteil Berlins durch eine Mauer vom Ostteil abzutrennen. Der Mauerbau war – nach der Blockade 1948 – der Höhepunkt einer zweiten Krise in Berlin, die schon einige Jahre lang geschwelt hatte. Nikita Chruschtschow hatte im November 1958 gefordert, den Vier-Mächte-Status der Stadt aufzugeben und Berlin zu einer »freien Stadt« zu machen. Die westlichen Alliierten sollten abziehen. Für die Aufnahme der Verhandlungen darüber setzte die Sowjetunion ein Ultimatum von sechs Monaten und kündigte an, andernfalls einen eigenen Friedensvertrag mit der DDR zu schließen. Damit würde die Sowjetunion die Kontrolle über die Zugangswege nach Berlin an die DDR abgeben können, die sich seit 1949 mit einer wachsenden Abwanderung konfrontiert sah. Immer mehr DDR-Bürger verließen das Land über West-Berlin, um ihr Glück im anderen Teil Deutschlands zu suchen. Die Westmächte ließen das sowjetische Ultimatum verstreichen, obwohl damit die Gefahr einer neuen Blockade Berlins einherging. »Der Herr im Kreml«, schrieb Bahr, »hängte dieses Damoklesschwert über unsere Häupter und beobachtete genüsslich mehr als zwei Jahre die Reaktion des Westens.«[70] Letztlich blieb das Ultimatum, das Chruschtschow im Juni 1961 in Wien gegenüber dem neuen amerikanischen Präsidenten John F. Kennedy wiederholte, folgenlos. Aber es war nun klar, dass die Sowjetunion nicht lockerlassen würde.

»Die brutale Schließung der Grenze zeigt eine grund-

sätzliche sowjetische Entscheidung, die nur Krieg verändern könnte. Niemand will deshalb einen Krieg beginnen, Sie doch auch nicht«, antwortete Präsident Kennedy
auf den empörten Brief von Willy Brandt, in dem der Regierende Bürgermeister von Berlin drängte, Worte reichten
nicht mehr, nun müssten Aktionen folgen. Zwar standen
die westlichen Alliierten fest zu ihrem Schutz für West-
Berlin, den Kennedy bei seinem Besuch im Juni 1963 mit
den berühmten Worten »Ich bin ein Berliner« bekräftigen
sollte, doch hatten sie sich mit dem neuen Status quo ab-
gefunden. Das Recht war das eine, die Realität das andere.
Es war klar, dass niemand den Berlinern helfen würde.
Keine Protestnote ging in den Tagen nach dem 13. August
in Moskau ein, keine der Westmächte forderte, die Mauer
wieder abzureißen. Das in jenen Tagen so oft zu hörende
»›Die Mauer muss weg‹ blieb Propaganda«, stellte Bahr
nüchtern fest. In der Wirklichkeit musste der Regierende
Bürgermeister, als Studenten die Mauer in die Luft spren-
gen wollten, die eigene Polizei einsetzen, damit sie unver-
sehrt blieb.

Als sich am Checkpoint Charlie, dem Grenzübergang
in der Friedrichstraße, am 27. Oktober 1961 amerikanische und sowjetische Panzer in 100 Metern Entfernung
gegeneinander in Stellung brachten, wurde den Berlinern
die Brisanz der Lage in ihrer Stadt vor Augen geführt.
»Das Wort Krieg lag in der Luft«, vermerkte Bahr, »und im
Schöneberger Rathaus ... hütete man sich in diesen Tagen,
die Mauer laut wegzuwünschen.«[71]

Die Einsicht reifte, dass weder die Berufung auf
Rechtsansprüche noch große Worte die Realitäten zu ändern vermochten. Die da forsch nach Gegenmaßnahmen
und Strafaktionen riefen – heute nennt man das gern
»klare Kante zeigen« –, waren zahnlose Tiger. Ausrichten

konnten sie gar nichts. Bei der Verleihung des Friedensnobelpreises sprach Brandt 1971 von »verbal überspielter
Ohnmacht«. Entrüstet Ratschläge zu erteilen, das eben
war ihm noch keine Politik: »In kritischen Lagen war man
auf sich selbst gestellt«, trug der Laureat in Oslo vor, »die
Verbalisten hatten einem nichts zu bieten ... Die Mauer
blieb; man musste mit ihr leben ... Die Behinderungen auf
den Zufahrtswegen nach Berlin blieben. Der Graben, der
Deutschland trennte, von Lübeck bis zur tschechoslowaki-
schen Grenze, blieb und wurde tiefer. Das Spiel mit den
Trümpfen, die keine sind, wie Golo Mann formuliert hat,
änderte nichts. Man musste die politischen Möglichkeiten
neu durchdenken, wenn man für die Menschen etwas erreichen und den Frieden sicherer machen wollte.«

Etwas zum Besseren verändern ließ sich nur, wenn
man vom Hier und Jetzt ausging. In Bahrs präziser Diktion
hieß das: »Den Status quo anerkennen, um ihn zu überwinden.« In der Praxis bedeutete das, mit denen zu reden,
die die Möglichkeit hatten, die Verhältnisse neu zu ordnen:
Wer die Vereinigung der beiden deutschen Staaten wollte, musste mit Moskau sprechen. Wer den Ostdeutschen
ihr Schicksal erleichtern, wer den Berlinern ermöglichen
wollte, ihre Angehörigen auf der anderen Seite der Mauer
wenigstens zu besuchen, musste mit Ost-Berlin sprechen.
Dafür brachen Brandt und Bahr Ende 1963 ein Tabu und
verhandelten erstmals mit der Regierung der DDR. Dank
dem erreichten Passierscheinabkommen konnten über
die Weihnachtstage 1963 Hunderttausende West-Berline-
rinnen und West-Berliner nach mehr als zwei Jahren ihre
Verwandten im Osten wieder in die Arme schließen. Das
Abkommen war ein erster Erfolg der Politik der kleinen
Schritte und ein gelungener Berliner Probelauf für die spätere Ostpolitik des Bundeskanzlers Willy Brandt, und es

bestätigte ihre strategische Prämisse: Mit dem politischen Arsenal des Kalten Krieges – gegeneinander – lässt sich nichts in der Welt, wie sie ist, verändern und nichts von dem, was verloren ist, wiedergewinnen – nur miteinander. Es galt Abschied zu nehmen von der Politik der Stärke.

Diese Erkenntnis setzte sich in Ost und West erst nach der Kuba-Krise durch. Sie zeigte im Herbst 1962 noch einmal die ganze Dramatik des Kalten Krieges. Die Sowjetunion begann, nachdem die Vereinigten Staaten Mittelstreckenraketen in der Türkei stationiert hatten, im verbündeten Inselreich von Fidel Castro, 200 Kilometer von Florida entfernt, Basen für atomar bestückte Raketen aufzubauen. Präsident Kennedy ordnete daraufhin am 22. Oktober eine Seeblockade Kubas an und versetzte die strategischen Luftstreitkräfte mit ihren Langstreckenbombern und Interkontinentalraketen in den höchsten jemals in den Vereinigten Staaten ausgerufenen Alarmzustand. Mehr als 100 000 amerikanische Soldaten bereiteten sich auf eine Landung in Kuba vor. Fidel Castro mobilisierte fast 400 000 Soldaten und Arbeiter und forderte Nikita Chruschtschow auf, im Falle einer amerikanischen Invasion in seinem Land mit einem atomaren Erstschlag auf amerikanisches Gebiet zu reagieren. Eine Woche lang hielt die Konfrontation die Welt in Atem. Am 28. Oktober kam über Radio Moskau Chruschtschows erlösende Zusage, die Sowjetunion werde ihre Raketen aus Kuba abziehen. Kennedy hatte ihm zuvor im Geheimen den Abzug der amerikanischen Raketen aus der Türkei zugesichert.

Der Oktober 1962 war der Kulminationspunkt des Kalten Krieges. Die Supermächte hatten die ganze Welt in den Abgrund einer nuklearen Katastrophe blicken lassen. Wie sehr ihnen dabei selbst der Schreck in die Glieder fuhr, zeigte die forcierte sicherheitspolitische Kooperation nach dem glimpflichen Ausgang des Kräftemessens in der Karibik. Präsident Kennedy verkündete am 10. Juni 1963 vor der American University in Washington seine »Strategie des Friedens«. Im selben Monat noch wurde ein »heißer Draht«, eine direkte Nachrichtenverbindung zwischen dem Kreml und dem Weißen Haus eingerichtet, um den Ausbruch eines Krieges durch Irrtümer, Missverständnisse oder auch Verzögerungen bei der Kommunikation zu verhindern. Im August unterzeichneten die Sowjetunion, die USA und Großbritannien ein Rüstungskontrollabkommen über einen teilweisen Teststopp für Kernwaffen.

Kennedy sprach vom Frieden, weil »der Krieg ein neues Gesicht bekommen« habe, und wandte sich gegen die Auffassung, es sei zwecklos, von Frieden, Recht und Abrüstung in der Welt zu sprechen, solange »die Machthaber der Sowjetunion keine aufgeschlossenere Haltung einnehmen«. Er plädierte für »Entspannung«, ein »besseres Verständnis« zwischen Amerikanern und Sowjets und mehr »Kontakt und Kommunikation«, betonte das gemeinsame Interesse der Vereinigten Staaten und der Sowjetunion an einem wirklichen Frieden und einem Ende des Wettrüstens. Konziliant fügte er hinzu: »Und sollten wir unsere Differenzen jetzt nicht beilegen können, so können wir zumindest dazu beitragen, die Welt in ihrer Vielgestaltigkeit sicher zu machen.«

Egon Bahr stellte fest, dass man im »schwachen Außenposten« West-Berlin zu den gleichen Schlüssen und Ansätzen für eine neue Politik gegenüber dem Osten gekommen war wie im »unbestrittenen Zentrum des Westens«. Für Bahr und Brandt war Kennedys Rede die passende Ouvertüre zu ihrem Auftritt in Tutzing: »Wir fühlten uns im Rathaus nicht erleuchtet, sondern bestätigt und dazu ermutigt; denn wer Washington an seiner Seite wusste, wurde innenpolitisch weniger angreifbar für den nächsten kleinen Schritt in Tutzing.« Das sollte sich in den folgenden Jahren nicht bewahrheiten. Die Neue Ostpolitik polarisierte die Bundesrepublik Deutschland wie kein zweites Thema.

Im Detail vorausgeplant von Egon Bahr, seit 1966 während der Großen Koalition im Planungsstab des Auswärtigen Amts, wurde der »Wandel durch Annäherung« in der sozialliberalen Koalition von Bundeskanzler Willy Brandt und Außenminister Walter Scheel ab 1969 konsequent in die Tat umgesetzt. In einer Zeit größter Spannungen zwischen Ost und West, als der Kalte Krieg am kältesten war, stellten Willy Brandt und Egon Bahr die politischen Weichen neu: Kooperation statt Konfrontation war für sie eine realpolitische Notwendigkeit. Deshalb nahmen sie Abschied von der Politik der Stärke, die auf der Überzeugung von der militärischen, wirtschaftlichen, politischen und moralischen Überlegenheit des Westens gründete, und gingen auf den Osten zu. Das außenpolitische Gebot war, »Europa zu bauen« und den »Frieden durch illusionslose Entspannung zu sichern«, wie Brandt 1966 seine Zielsetzungen als neuer Chef im Auswärtigen Amt umriss. Oft wird übersehen, wie eng beides in der Brandt'schen und Bahr'schen Außenpolitik zusammengedacht wurde: Europapolitik und Ostpolitik, europäische Integration und Annäherung an den Osten waren zwei Seiten der einen Medaille: eines anvisierten größeren Europas – westwärts wie ostwärts – mit einer gemeinsamen Friedensordnung.

Aussöhnung und Verständigung

Auf den Osten zuzugehen, das war in den Sechziger- und Siebzigerjahren des vergangenen Jahrhunderts schwieriger als heute. Die Niederschlagung des Prager Frühlings durch Streitkräfte des Warschauer Pakts am 21. August 1968 und die daraufhin verhängte »Breschnew-Doktrin«, mit der sich die Sowjetunion eine militärische Intervention in ihren Vasallenstaaten vorbehielt, waren ein herber Rückschlag für die Ostpolitik. Die Aggression ließ die ohnehin großen Vorbehalte gegen eine Entspannung weiter anwachsen. Und doch wagte die neue Bundesregierung den Aufbruch. In seiner Regierungserklärung verkündete Bundeskanzler Willy Brandt am 28. Oktober 1969, dass Deutschland nicht »zwischen dem Westen und dem Osten« stehen könne, sondern »die Zusammenarbeit und Abstimmung mit dem Westen und die Verständigung mit dem Osten« ebenso brauche wie den »Frieden ... auch mit den Völkern der Sowjetunion und allen Völkern des europäischen Ostens«. Im Schlusssatz gab Brandt ein Versprechen, das bis heute das unverändert gültige Leitmotiv deutscher Außenpolitik bleibt: »Wir wollen ein Volk der guten Nachbarn sein und werden im Inneren und nach außen.« Daran darf sich auch in naher oder ferner Zukunft nichts ändern.

Ein Neuanfang in den Beziehungen mit den osteuropäischen Ländern setzte voraus, mit lang gehegten Tabus der bundesdeutschen Politik zu brechen: die bis dahin geleugnete staatliche Existenz der DDR anzuerkennen und sich vom Alleinvertretungsanspruch, mit dem sich die Bundesrepublik vorenthielt, Deutschland als Ganzes international zu vertreten, zu verabschieden. Es hieß auch, wie von der sowjetischen Seite gefordert, den Atomwaffensperrvertrag zu unterzeichnen. Damit war der Weg zum von Egon Bahr ausgehandelten, 1970 unterzeichneten Moskauer Vertrag geebnet, der für die weiteren Ostverträge maßgeblich war: für den Warschauer Vertrag 1970, den Prager Vertrag 1973 und den Grundlagenvertrag mit der DDR 1972, mit dem gleichberechtigte, gutnachbarliche Beziehungen zwischen den beiden deutschen Staaten vereinbart wurden. Auch das Vier-Mächte-Abkommen über Berlin von 1971 wurde möglich, das weitere Berlin-Krisen verhinderte und eine sowjetische Anerkennung von Straßen- und Bahnverbindungen zwischen der Bundesrepublik und West-Berlin brachte. Es folgten Regelungen etwa im Reise- oder im Postverkehr, die für Millionen Deutsche Erleichterungen bedeuteten.

Mit dem Moskauer Vertrag hat die Bundesrepublik Deutschland in Europa viel Vertrauen gewonnen und viel dafür getan, dass »das Gespenst der ewigen deutschen Gefahr verschwand«, wie Brandt formulierte. Im Wesentlichen beinhaltete der Vertrag die Anerkennung des europäischen Status quo, den Verzicht auf Gewaltanwendung und die Respektierung der europäischen Grenzen. Dazu gehörte, dass die Bundesrepublik die Oder-Neiße-Linie als Westgrenze Polens und damit den Verlust der ehemaligen deutschen Ostgebiete als Folge des vom nationalsozialistischen Deutschland begonnenen Zweiten Weltkriegs faktisch akzeptierte.

Zum Symbol der neuen bundesdeutschen Politik der Verständigung und Aussöhnung mit dem Osten wurde ein Bild, das um die Welt ging: der Kniefall von Willy Brandt am 7. Dezember 1970 in Warschau, mit dem sich der deutsche Bundeskanzler vor dem Mahnmal für die Opfer im Warschauer Ghetto zur historischen Schuld und Verantwortung seines Volkes bekannte.

Das Bild des Kanzlers, der für sein Land kniete, ohne selbst die geringste Schuld und Mitverantwortung zu tragen, führte der Welt vor Augen, dass sie es mit einem anderen Deutschland zu tun hatte. Von diesem Deutschland war nicht mehr zu befürchten, dass es den Weg der ersten deutschen Demokratie gehen würde. Die Ostpolitik, mit der die Bundesregierung Ausgleich statt Auseinandersetzung suchte, sich darum bemühte, die Spannungen zwischen Ost und West abzubauen und den Frieden zu sichern, sie verhalf diesem anderen Deutschland zu Achtung und Anerkennung in der Welt. Im eigenen Land hingegen wurde die Ostpolitik zum Teil erbittert bekämpft.

Bei der Verleihung des Friedensnobelpreises an Willy Brandt 1971 hob das Preiskomitee in Oslo hervor, seine Ostpolitik versuche »Hass zu begraben und über den Massengräbern des Krieges Versöhnung zu suchen«. Die Ostverträge würdigte es als erste konkrete Ergebnisse der Entspannung. Zu Hause diffamierten die konservative Opposition und die Vertriebenenverbände sie als »Ausverkauf deutscher Interessen« und »Vaterlandsverrat«. Brandt und Bahr erklärten, die Regierung gebe mit den Verträgen nichts preis, was nicht ohnehin schon verloren sei. Am 20. Oktober 1971 unterbrach der Bundestagspräsident die Debatte im Bonner Parlament, um die Abgeordneten über ein Telegramm aus Oslo zu unterrichten. Im Hohen Haus wurde Willy Brandt stehend applaudiert, die Vertreter der Opposition blieben bis auf wenige auf ihren Stühlen sitzen.

In der Welt zog die Ostpolitik ihre Kreise größer – die Entspannung weitete sich von bilateralen zu multilateralen

Aktivitäten aus. Der erste Teil, die zweiseitige Vertragspolitik, hatte das Feld so weit bereitet, dass die Vergangenheit der Zukunft in Europa nicht mehr im Wege stand. Der zweite Teil, der Aufbau eines europäischen Sicherheitsgebäudes, konnte in Angriff genommen werden. Brandt sondierte mit Breschnew in Oreanda auf der Krim schon im September 1971 die Möglichkeiten für Abrüstung in Europa. Zwei Jahre später wurden in Wien die Verhandlungen über einen »beiderseitigen ausgewogenen Abbau von Truppen und Rüstungen« (MBFR) auf dem Gebiet der mitteleuropäischen NATO- und Warschauer-Pakt-Staaten aufgenommen. Sie blieben zunächst ohne verwertbare Ergebnisse. Die Abrüstungsinitiative sollte erst durch Gorbatschow wieder an Fahrt gewinnen und im November 1990 mit dem KSE-Vertrag über Konventionelle Streitkräfte in Europa zum Erfolg geführt werden – knapp über 50 000 Waffensysteme wurden vernichtet.

Parallel begann 1973 – erstmals seit dem Ende des Zweiten Weltkriegs – eine multilaterale Ost-West-Konferenzreihe über europäische Sicherheitsfragen. Hauptziel war es, künftige Kriege auf dem europäischen Kontinent zu verhindern. Am Ende der »Konferenz für Sicherheit und Zusammenarbeit in Europa« stand die Schlussakte von Helsinki, eine völkerrechtlich nicht bindende Erklärung, die am 1. August 1975 von insgesamt fünfunddreißig Ländern – den USA, Kanada, der Sowjetunion und den europäischen Staaten – unterzeichnet wurde. Sie vereinbarten in drei »Körben« Leitprinzipien für die Beziehungen zwischen den Teilnehmerstaaten: die Unverletzlichkeit der Grenzen und die Nichteinmischung in innere Angelegenheiten; vertrauensbildende Maßnahmen im militärischen Bereich; Zusammenarbeit in Wissenschaft und Technik – und in Korb III: die Achtung von Grundfreiheiten und

186

Menschenrechten. Die osteuropäischen Bürgerbewegungen wie das Moskauer Helsinki-Komitee oder die »Charta 77« in der Tschechoslowakei, die sich in den folgenden Jahren bildeten, beriefen sich gegenüber ihren Regimen auf diesen letzten Teil der Schlussakte. Auch in der DDR machte Korb III uns die meisten Hoffnungen, wirkte subkutan in der Gesellschaft, ließ einen Geist und ein Selbstbewusstsein entstehen, aus dem sich Bürgerbewegung und Bürgerengagement entwickeln konnten – natürlich nicht von einem Tag auf den anderen, sondern allmählich nach einer längeren Inkubationszeit.

Der Erfolg hat bekanntlich viele Väter. Die Ostpolitik und der aus ihr erwachsene KSZE-Prozess werden, meine ich, noch immer zu oft vernachlässigt, wenn wir uns daran erinnern, wie dem Ende der Teilung Deutschlands und Europas der Weg bereitet wurde. Das gilt für ihre Wirkung auf die Menschen, die damals mutig für ihre Freiheit aufstanden. Es gilt aber auch für ihre Wirkung auf die Parteidiktaturen. Immer mehr Annäherung, immer weiter reichende Verbindungen in Gesellschaft, Wirtschaft und Wissenschaft bedeutete auch immer mehr Vergleich, der, oh Wunder, sehr oft zugunsten des Westens ausfiel – ein schleichendes Gift, das das Vertrauen der Führungen in die eigene Ordnung schwinden ließ. Die Kontakte zwischen West und Ost trugen dazu bei, den Machthabern den Mut zu nehmen, während sie den Bürgern Mut gaben. Dieser subversive Zug im Konzept des »Wandels durch Annäherung« blieb den Herren der DDR, jedenfalls den scharfsichtigeren, nicht verborgen. Otto Winzer, der damalige Außenminister in Ost-Berlin, charakterisierte nach Bahrs Vortrag in Tutzing den »Wandel durch Annäherung« recht treffend als »Aggression auf Filzlatschen«.

Mit der Schlussakte von Helsinki hatte die Entspannungspolitik ihren Gipfel erreicht. Das Misstrauen zwischen Ost und West begann wieder zu wachsen, die Auseinandersetzung verschärfte sich von Neuem. Als die Sowjetunion begann, moderne nukleare SS-20-Raketen zu stationieren, kündigte die NATO mit dem Doppelbeschluss von 1979 die Aufstellung neuer atomarer Mittelstreckenwaffen in Europa an. Parallel schlug sie der sowjetischen Seite Verhandlungen über einen beiderseitigen Abbau der Systeme vor. In den Ländern Westeuropas, auch in den Vereinigten Staaten, ließ der Beschluss der NATO eine von weiten Teilen der Gesellschaft getragene Friedensbewegung entstehen. In der Bundesrepublik versammelten sich bei Großdemonstrationen Hunderttausende von Menschen – so viele wie nie zuvor. Die atomare Bedrohung einte die Menschen in Ost und West. Auch in osteuropäischen Staaten wurde gegen die Aufrüstung protestiert. Am Ende des Jahres 1979 marschierte die Sowjetunion in Afghanistan ein. Polen verhängte Ende 1981 das Kriegsrecht. Der Kalte Krieg war mit aller Macht zurückgekehrt. In dieser kritischen Phase der Beziehungen hatte die KSZE einen Anteil daran, dass Wege zueinander offen blieben und schließlich der Ost-West-Konflikt überwunden wurde.

Heute müssen wir feststellen, dass das Ende des Kalten Krieges keinen dauerhaften Frieden zwischen Ost und West brachte. Die Aufgabe, für Europa ein sicheres Haus zu bauen, bleibt ungelöst. Doch zeigt die von Willy Brandt und Egon Bahr angestoßene Politik der kleinen Schritte hin zu einer europäischen Friedensordnung – von den Ostverträgen über die KSZE, seit 1995 über ihre Nachfolgeorganisation, die OSZE – eine doch staunenswerte Persistenz. Es liegt in der europäischen, zuallererst in

188

der deutschen Verantwortung, diese Politik der kleinen Schritte in der Tradition der Brandt'schen und Bahr'schen Entspannungspolitik weiterzuverfolgen. Der Weg zu einer europäischen Friedensordnung könnte auch heute über einen Helsinki-Prozess führen, wie er in den Siebziger-jahren angestoßen wurde. Erste Voraussetzung dafür ist der politische Wille. Derzeit ist er nicht erkennbar.

Egon Bahr hat mit dem Kernstück der Ostpolitik, dem Moskauer Vertrag, eine Erfahrung gemacht, die ihm zu einer »unerschütterlichen Überzeugung« wurde: »Die Sowjetunion kann bewegt werden. Auch durch uns. Ihre Interessen können mit den Deutschen in Teilbereichen auf einen Nenner gebracht werden. Das war der strategische Gewinn, den wir aus Moskau zollfrei ausführten.«[72] Die Sowjetunion war nicht der starre, unveränderbare Mono-lith, als den sie sich präsentierte und als der sie von außen gemeinhin wahrgenommen wurde.

Auch heute müssen wir mit Egon Bahr sagen: Der Schlüssel zu Europas Sicherheit liegt in Moskau. Auch heute haben wir es nicht mit einem unbeweglichen, mo-nolithischen Block Russland zu tun. Wer bereit ist, genau-er hinzuschauen, wird unterschiedliche Kräfte nicht nur in der Opposition, sondern auch in der Regierungspartei Einiges Russland entdecken. Und auch heute können wir aus Europa heraus in Russland etwas bewegen. In einem zentralen Bereich überschneiden sich unverändert die gemeinsamen Interessen von Russland und der Europäi-schen Union, auch wenn deren Mitgliedstaaten in zahlrei-chen, auch außenpolitischen Fragen in sich noch einmal gespalten sind: Sie alle teilen den Wunsch nach Sicher-heit. Die Staaten im östlichen Europa – Lettland, Litauen, Estland und Polen –, die großen Gestaltungsmächte im westlichen Europa – Deutschland und Frankreich – und die wiedererstarkte Großmacht Russland wollen auf dem europäischen Kontinent friedlich koexistieren. Das zu organisieren, ist Aufgabe der Diplomatie. Doch die Europäer und mit ihnen die Deutschen scheinen einem außenpolitischen Autismus anheimgefallen. Einen Krieg will niemand. Wo aber bleiben außenpolitische Initiative und Interaktion? Wo bleibt ein aktives Management der Krise?

VIII. Illusionslose Entspannung

Dialog auf Augenhöhe

Michael Stürmer, einer der renommiertesten Historiker unserer Zeit, schrieb 2019: »Man kann nicht behaupten, dass der Westen, die Vereinigten Staaten von Amerika voran, seit der Weltenwende vor drei Jahrzehnten im Fach Russland ein Übermaß an Einfühlungsvermögen gezeigt hätten. Das aber ist, nicht anders als in den Fährnissen des Kalten Krieges, keine akademische Doktorfrage, sondern eine Frage des Überlebens der technisch-industriellen Lebensformen in Ost und West.«[73] Ich glaube, Michael Stürmer ruft uns die existenzielle Dimension des Verhältnisses zu Russland mit gutem Grund in Erinnerung. Seine Sorge, dass der Westen nach dem Triumph im Kalten Krieg dabei ist, »unter Führung der Vereinigten Staaten den kalten Frieden zu verlieren«, äußert er seit geraumer Zeit: »›Russlandversteher‹ wurde zum Schimpfwort, ›Putinversteher‹ alsbald die Steigerung«, beklagt er die Realitäts- und Erfahrungsvergessenheit der westlichen Politik des vergangenen Vierteljahrhunderts und fragt: »Wie sollte aus so viel absichtsvoller Ignoranz ein dauerhaftes Mächtekonzert entstehen, eine neue krisenfeste Gleichgewichtsordnung wie einst auf dem Wiener Kongress?« An Mahnungen, beizeiten ein für alle Seiten »hinnehmbares Settlement zu verhandeln«, habe es, meint Stürmer, nicht gefehlt, auch nicht an Chancen, zumindest in der Zeit zwischen dem Fall der Berliner Mauer und dem 11. September 2001, vielleicht noch bis zum Irakkrieg 2003 und der Aufkündigung des ABM-Vertrags zur Raketenabwehr durch die USA: »Doch wo, quer durch die westliche Welt, das Ende der Geschichte zelebriert wurde, kannte man nur Verachtung aller Erfahrung.«[74]

Es ist an der Zeit, sich in Europa und besonders in Deutschland von Neuem darauf zu besinnen, dass man mit Russland reden muss – und zwar ernst gemeint, nicht nur, um »im Gespräch zu bleiben«. Den ungeliebten Herrn im Kreml mit Schweigen zu übergehen, weil er anders denkt und anders handelt, als wir es uns wünschen, heißt, der Politik als der »Kunst des Möglichen« zu entsagen. Mit großen Worten, moralischer Empörung und rhetorischer Maßregelung gewinnt man keine Gestaltungsmacht. Die »Verbalisten« haben einem auch heute nichts zu bieten. Ihre »Trümpfe« sind auch heute noch keine. Die wegen der Inbesitznahme der Krim gegen Russland verhängten Finanz- und Wirtschaftssanktionen werden weithin weniger als ein Instrument der Politik denn als pädagogische Strafmaßnahme angesehen. Auch ich frage mich, ob wir im Ernst glauben, dass Sanktionen des Westens die nukleare Großmacht des Ostens zum Einlenken, geschweige denn zur Umkehr bewegen. Und natürlich geht es auch für Russland, wie stets bei den Großen und Mächtigen, um Gesichtswahrung. Wir vertiefen den Konflikt, statt ihn einzudämmen – mit Rüffel und Rüge führen wir Ost und West nicht aus der Krise heraus. Aber nur darum kann es angesichts der sich gefährlich zuspitzenden Konfrontation gehen.

Nun gilt es, vom Siegerpodest des Kalten Krieges herabzusteigen und die Realitäten von heute, so wenig sie uns gefallen und so unrecht sie sein mögen, zu nehmen, wie sie nun einmal sind, und mit ihnen Politik zu machen – den Status quo anzuerkennen, um ihn zu überwinden. Besser heute als morgen sollten wir damit beginnen, das diplomatische Vakuum der letzten Jahre wieder mit Leben zu füllen, auf Russland zuzugehen und den Konflikt »illusionslos« zu entspannen. Russland muss nicht auf die Knie gezwungen werden, muss nicht Besserung geloben, bevor man zu reden beginnt. Russland muss nicht erst eine lupenreine Demokratie zustande bringen und die westlichen Werte in seiner Gesellschaft unwiderruflich etablieren, um für den Westen »gesprächswürdig« zu sein. Worauf also warten und schlafwandeln, bis das Kind endgültig in den Brunnen gefallen ist?

Wir kommen in Europa nicht umhin, im Verhältnis zu Russland noch einmal alles auf Anfang zu stellen. Mit einer Stunde null für die deutsch-russischen Beziehungen können wir beginnen. Ein Neustart setzt voraus, dass wir unseren Umgang mit Russland revidieren. Wir müssen Russland als gleichberechtigten Partner behandeln und Augenhöhe herstellen – in der Begegnung und in Verhandlungen. Ein Neustart beinhaltet auch, dass wir uns von manchen idealpolitischen Illusionen lösen und einigen realpolitischen Wahrheiten ins Gesicht sehen: Das Wünschenswerte ist nicht immer auch das politisch Machbare. Wertegeleitete Außenpolitik hat die Ansätze, die in Zeiten der Systemkonfrontation für die Kommunikation mit anderen Ordnungen gefunden wurden, in Vergessenheit geraten lassen. Es lohnt, sich einige Leitsätze der Ostpolitik wieder in Erinnerung zu rufen, einige Einsichten neu aufzuarbeiten.

Das Wichtigste zuerst: Die Triebfedern aller Außenpolitik sind Interessen. Egon Bahr hat es 2013 vor Schülern in Heidelberg einmal sehr pointiert ausgedrückt: »In der internationalen Politik geht es nie um Demokratie oder Menschenrechte. Es geht um die Interessen von Staaten. Merken Sie sich das, egal, was man Ihnen im Geschichtsunterricht erzählt.«[75] Wir sollten anerkennen, dass auch

Russland Interessen hat und dass auch Russlands Interessen legitime Interessen sind. Das gilt auch geopolitisch. Und es gilt auch für Russlands Sicherheitsbedürfnis, über das wir trotz der Geschichte des 20. Jahrhunderts allzu einfach hinweggehen. Wir werden nicht zu einer Verständigung und zu einem Ausgleich kommen, wenn wir die Interessen Russlands als unberechtigt zurückweisen oder schlicht ignorieren.

Des Weiteren muss, wer ernsthaft Wege zueinander finden will, bereit sein, die Perspektive zu wechseln. Gemeinsame Lösungen können wir nur erreichen, wenn wir die Beweggründe der russischen Außenpolitik nachvollziehen. Wer konstruktive Gespräche will, muss gedanklich immer auch auf der anderen Seite des Tisches Platz nehmen. Egon Bahr hat das geradezu gepredigt. Als Schlichter in mehreren Tarifkonflikten habe ich mich davon überzeugen können, wie ergiebig der Perspektivwechsel für Verhandlungen ist. Wenn die Fronten aussichtslos verhärtet scheinen, kann er helfen, zu einem für beide Seiten akzeptablen Ergebnis zu kommen.

Darüber hinaus muss anerkannt werden, dass auch andere Sichtweisen ihre Berechtigung haben. Wir haben uns – wohl oder übel – mit dem Gedanken anzufreunden, auch von unseren Vorstellungen abweichende politische und gesellschaftliche Konzepte, die auf anderen Traditionen und Denkweisen beruhen, zuzulassen und zu respektieren. Nur aus einer offenen und toleranten Haltung heraus kann sich ein Dialog auf Augenhöhe entwickeln. Die selbstgerecht-moralische Attitüde gegenüber Russland steht uns Deutschen nicht gut zu Gesicht. Wir sollten auf Schulmeisterei verzichten und uns nicht über Russland erheben. Es ist nicht richtig, Ansichten Moskaus pauschal zu missbilligen – Vorschläge in Bausch und

196

Bogen abzulehnen und Wortmeldungen von vornherein zurückzuweisen, als ob man, wie Brandt schon in Tutzing monierte, »einen Wettlauf zu gewinnen hätte, immer am schnellsten und am entschiedensten Nein zu sagen zu jedem Hinweis, der aus dem Osten kommt, weil er aus dem Osten kommt«.

Respekt vor anderen Ansichten bedeutet auch, dass wir Russland zugestehen müssen, seinen eigenen Weg zu gehen. Russland allein bestimmt, welche Schritte es zur Demokratie geht und wie diese Demokratie in näherer oder fernerer Zukunft gestaltet sein wird. Wir müssen wieder, wie in der ostpolitischen Konzeption der Sechziger- und Siebzigerjahre, in längeren Linien denken und uns auf längere Wege einstellen. Nur so können wir eine Entwicklung induzieren, die uns aus guten Gründen als die bessere erscheint, weil sie unseren Werten näher ist. Zu erzwingen ist die Wandlung zu einer liberalen, pluralistischen Demokratie nicht. Eher ist das Gegenteil der Fall: Unter dem Druck des Westens wird das autoritäre Russland noch stärker, werden sich die russischen Bürgerinnen und Bürger vielleicht noch bereitwilliger hinter ihrem Präsidenten versammeln. Aber natürlich gehört zur Wahrheit auch, dass Wladimir Putin die autokratischen Führungsstrukturen, die sich in den Wirren der Jelzin-Jahre auszuprägen begannen, konsolidierte. Das aber verbietet uns nicht, mit Russland zu reden, wenn wir es ernst damit meinen und etwas zum Besseren verändern wollen.

Respekt bedeutet nicht Naivität: Die Kritik an vielen Entwicklungen in der russischen Gesellschaft, die heute in Deutschland geübt wird, ist absolut berechtigt, und Beispiele für den Autoritarismus des russischen Machtapparats gibt es leider zur Genüge. Auch ich hadere mit den restriktiven Regelungen zu den vom Ausland finanzierten Nichtregierungsorganisationen, die als sogenannte »ausländische Agenten« besonders strenge Auflagen zu erfüllen haben und immer wieder drangsaliert werden. Auch mir fehlt jedes Verständnis für die russische Gesetzgebung zu den sogenannten nichttraditionellen Beziehungen, die Homosexuelle diskriminieren. Wir beanstanden diese Weltsicht zu Recht. Das alles sind Rückschritte – Russland war schon einmal weiter. Ich wünschte mir mehr Verständnis der russischen Führung für die Zivilgesellschaft im eigenen Land und mehr Mut, dieser ihre Freiräume zu lassen oder wieder zuzugestehen, damit sie sich in ihrer ganzen Diversität entwickeln kann.

An den Wertegrundlagen unserer Demokratie, die auch die deutsche Außenpolitik prägen, kann es keinen Zweifel geben. Nur diskreditiert sich irgendwann eine Politik, die im internationalen Kontext Werte proklamiert und hochmoralisch argumentiert. Die Außenpolitik der Bundesregierung ist an ein solches Ende gekommen. Zum einen aufgrund der doppelten Standards, mit denen sie misst, wenn sie ihre viel beschworenen Werte in der Welt einfordert – oder eben nicht. Mit Saudi-Arabien oder China spricht Deutschland anders als mit Russland. Halten wir unseren Freunden in den Arabischen Emiraten, mit denen wir eng zusammenarbeiten, ihren Umgang mit Homosexuellen vor? Stellen wir unsere enge Kooperation mit dem chinesischen Regime wegen der Internierungslager für die Uiguren, einer der größten Menschenrechtsverletzungen unserer Zeit, infrage? Zum anderen durch die uneingestandene Priorität der Interessen vor den Werten. Der ehemalige Forschungsdirektor der Deutschen Gesellschaft für Auswärtige Politik, Eberhard Sandschneider, warnte vor einer doppelzüngigen deutschen Außenpolitik:

»Wer den Eindruck vermittelt, Werte zwar zu propagieren, sie aber bei Bedarf gegen ›wichtigere‹ Interessen zurückzustellen, schadet eben diesen Werten – und der eigenen Glaubwürdigkeit – mehr, als er nutzt.«[76] Letztlich – siehe Saudi-Arabien und China – werden eben doch die Werte hintangestellt, wenn es um die harten materiellen Interessen geht.

In der deutschen Außenpolitik aber ist in den vergangenen Jahren von Interessen zumeist geschwiegen worden, umso mehr war die Rede von Werten. Natürlich war das nicht ganz ehrlich. Mittlerweile wird immerhin offen eingestanden, dass Deutschland als globale Handelsnation seine ureigenen strategischen Interessen rund um den Erdball hat. Dass dies im Kontext einer Debatte über ein stärkeres militärisches – nicht etwa diplomatisches – Engagement unseres Landes in der Welt geschieht, ist zu bedauern.

Mit einer Politik des alles oder nichts löst man keine Krisen. Nach den Erfahrungen des 20. Jahrhunderts dürfen Lösungswille und außenpolitische Fantasie eingefordert werden. Zwischen Öl-ins-Feuer-Gießen und Hände-in-den-Schoß-Legen muss ein Weg in der Mitte gesucht werden, der zueinander führt. Wieder gebietet die Vernunft, die politischen Möglichkeiten neu zu vermessen – ganz pragmatisch. Auch die kleinen Schritte und Fortschritte sind der Mühe wert. Saumseligkeit dürfen wir uns nicht leisten. Die gebetsmühlenhaft vorgetragene Zusicherung, »den Gesprächsfaden mit Russland nicht abreißen zu lassen« – das reicht nicht einmal für ganz kleine Schrittchen. Wenn wir etwas in Bewegung bringen wollen, müssen wir ernsthaft das Gespräch mit Russland aufnehmen – auf Augenhöhe. Das ist realpolitische Räson – und es macht mir Mut, dass dies auch der Wunsch einer Mehrheit von Bürgerinnen und Bürgern in Deutschland und Russland an die Politik in ihren Ländern ist.

Gesellschaften verbinden

Nicht nur mich, glaube ich, hat es zutiefst schockiert, in welch rasendem Tempo die Beziehungen zwischen Deutschland und Russland, die wir fest gegründet glaubten, infolge der Ereignisse in der Ukraine im Jahr 2014 weggespült wurden. Das politische Verhältnis ist zerrüttet. Stimmen, die sich für eine Verständigung mit Russland einsetzen, sind in Berlin rar. Ganz anders in der Bevölkerung. In den vergangenen Jahren haben Umfragen immer wieder gezeigt, dass sich Deutsche – wie auch Russen – ein Ende der Eiszeit wünschen.

In einer Umfrage der Körber-Stiftung sprach sich 2016 eine deutliche Mehrheit von 81 Prozent der Deutschen für eine engere Zusammenarbeit zwischen Deutschland und Russland aus. Eine politische Wiederannäherung zwischen Russland und der Europäischen Union hielten 95 Prozent der Deutschen für wichtig. Nur die guten Beziehungen zu Frankreich lagen den Deutschen noch mehr am Herzen. Bei einer Neuauflage der Studie waren 2017 die Ergebnisse fast unverändert. Befragt wurden dabei auch Menschen in Polen – mit Ergebnissen, die angesichts des politisch gespannten Verhältnisses zwischen Polen und Russland aufhorchen lassen. 62 Prozent der polnischen Bevölkerung votierten für mehr Zusammenarbeit zwischen Polen und Russland. Eine Wiederannäherung zwischen der Europäischen Union und Russland hielten sogar 80 Prozent der Polen für wichtig. In der russischen Bevölkerung waren – nach 84 Prozent im Vorjahr – 2017 noch 66 Prozent dieser Meinung. Die Umfrage der Körber-Stiftung offenbart also ein gemeinsames Anliegen, das die Mehrheit der Deutschen, Polen und Russen an die Politik richtet: Die Europäische Union und Russland sollen sich wieder aufeinander zubewegen.

Dass viele Menschen in Deutschland sich einen anderen Umgang mit Russland wünschen, zeigt sich auch an der Einstellung zu den von der Europäischen Union verhängten Sanktionen. Im August 2019 unterstützte nach einer Umfrage des Meinungsforschungsinstituts YouGov nur noch ein knappes Viertel der deutschen Bevölkerung die Strafmaßnahmen gegen Russland. In der russischen Bevölkerung ist die Stimmung ähnlich eindeutig.

Die Annäherung nach dem Ende des Zweiten Weltkriegs und die partnerschaftliche, zeitweise beinahe freundschaftliche Verbundenheit von Deutschen und Russen nach dem Ende des Kalten Krieges haben in den Gesellschaften beider Länder das Vertrauen ineinander wachsen lassen. Immer neue und immer intensivere Beziehungen zwischen den Bürgerinnen und Bürgern sind nach der Öffnung des Eisernen Vorhangs entstanden. Viele Menschen in Deutschland und Russland fühlen eine besondere Pflicht und Verantwortung dafür, den Aussöhnungsprozess, der so vielversprechend begonnen hatte, unumkehrbar zu machen. Ich glaube, es ist ein ermutigendes Zeichen, dass die Menschen nicht bereit sind, die Beziehungen zwischen Deutschen und Russen zur Disposition zu stellen und ihre Beziehungen einfach abzuwickeln, wo sie doch gerade erst angefangen haben, einander näher kennenzulernen und ihre lange und reiche gemeinsame Geschichte fortzuschreiben.

Das Deutsch-Russische Forum, dem ich seit 2014 vorstehen darf, hat es sich als eingetragener Verein zur Aufgabe gemacht, mit seinen Mitgliedern aus Wirtschaft und

Gesellschaft die Verbindungen zwischen den Bürgerinnen und Bürgern zu fördern. Gegründet wurde das Deutsch-Russische Forum 1993. In den vergangenen fünfundzwanzig Jahren hat der Verein kontinuierlich daran gearbeitet, den Dialog und die Zusammenarbeit der Bürgerinnen und Bürger auszubauen – mit Konferenzen und Diskussionsveranstaltungen in den Bereichen Politik und Wirtschaft, mit Austausch in Kultur, Wissenschaft und Bildung. Stets mit einem besonderen Augenmerk auf der Generation von morgen und mit einer beachtlichen Breitenwirkung: 1500 junge deutsche und russische Führungskräfte haben im Laufe der Jahre an den Young-Leader-Seminaren des Deutsch-Russischen Forums teilgenommen, mehr als 50 000 Schülerinnen und Schüler hat der Bundescup »Spielend Russisch lernen« für die russische Sprache und Kultur begeistert, für rund 400 russische Nachwuchsjournalisten hat das Forum Praktika in deutschen Medienhäusern und Kommunikationsabteilungen von Unternehmen organisiert. Von dieser »Zukunftsarbeit« des Deutsch-Russischen Forums können unsere beiden Länder heute, da viele bilaterale Ressourcen versiegen, zehren.

Von Beginn an hat das Deutsch-Russische Forum auch die Bürgerzusammenarbeit in den Städten und Gemeinden gefördert. Die mehr als hundert deutsch-russischen Städtepartnerschaften und regionalen Kooperationen sind ein tragender Pfeiler in den Beziehungen unserer Länder. Die Bürgerinnen und Bürger schätzen den Austausch mit ihren Partnern, und die Politiker wissen aus dem Beispiel der deutsch-französischen Annäherung, welche Versöhnungskraft dem kommunalen Miteinander innewohnt. Als Oberbürgermeister und Ministerpräsident habe ich miterleben dürfen, wie sehr beide Seiten von den Verbindungen profitieren, ob im Austausch der Schulen und

Universitäten, in Sport und Kultur, in der kommunalen Infrastruktur und Verwaltung, in der Wirtschaft oder im Gesundheitsbereich.

Bürgerzusammenarbeit in den Städten und Gemeinden ist »kommunale Außenpolitik«, sie hat völkerverbindenden und immer auch politischen Charakter. Im deutsch-russischen Themenjahr 2017/2018, dem Jahr der kommunalen und regionalen Partnerschaft, das vom Deutsch-Russischen-Forum koordiniert wurde, ist das deutlich zutage getreten. Den Wert des Austauschs zwischen den Menschen für ein auch politisch engeres Verhältnis zwischen Deutschland und Russland haben im Themenjahr beide Außenminister, Heiko Maas und Sergej Lawrow, einhellig hervorgehoben.

Um immer wieder Anknüpfungspunkte für gemeinsames zivilgesellschaftliches Handeln zu finden, ist es wichtig, in Deutschland auch den Stimmungen und Stimmen in der russischen Gesellschaft Gehör zu verschaffen, die sich für gegenseitiges Verständnis und für Verständigung stark machen. Diese sind in der Russischen Gesellschaftskammer, mit der das Deutsch-Russische Forum regelmäßig zusammenarbeitet, deutlich zu vernehmen. Die Gesellschaftskammer, in der Vertreter aus allen Bereichen des öffentlichen Lebens sitzen, berät den Präsidenten. Die Journalistin Veronika Krascheninnikowa zum Beispiel, die nicht nur Mitglied der Gesellschaftskammer ist, sondern auch zum Obersten Rat der Regierungspartei Einiges Russland gehört, hat sich zum erstarkenden Rechtsnationalismus in der Europäischen Union geäußert. Sie hat dabei sehr klargemacht, dass es nicht in Russlands Interesse sein kann, mit europäischen rechten Parteien zusammenzuarbeiten, die die Gemeinschaft unterminieren und die mit ihrer Rückbesinnung auf ein »Europa der Vaterländer«

eben jenen Nationalismus verbinden, der zur größten Katastrophe des 20. Jahrhunderts geführt hat. In der Gesellschaftskammer konnte in einer Videokonferenz im Januar 2019 auch die AfD-Aussteigerin Franziska Schreiber auftreten, die vor dem bedrohlichen Nationalismus in ihrer ehemaligen Partei warnte.

Eine wichtige Rolle für die gesellschaftliche Diskussion zwischen Deutschen und Russen spielt auch der Petersburger Dialog, dessen Vorstand ich seit 2015 angehöre. Das bilaterale Gesprächsforum wurde 2001 von Gerhard Schröder und Wladimir Putin ins Leben gerufen. Im Petersburger Dialog, an dem zahlreiche nichtstaatliche Organisationen beteiligt sind, tauschen sich Deutsche und Russen über die Schlüsselthemen in den beiderseitigen Beziehungen aus, zum Teil auch sehr kontrovers. Eine bedeutende Rolle spielt dieses Forum als Ideengeber für deutsch-russische Gemeinschaftsprojekte. Die 2006 gegründete Stiftung Deutsch-Russischer Jugendaustausch zum Beispiel, die Schülerbegegnungen und den Austausch von Fach- und Lehrkräften zwischen Deutschland und Russland unterstützt, geht auf die Initiative des Petersburger Dialogs zurück; wie auch das Koch-Metschnikow-Forum, die bislang umfangreichste Kooperation zwischen Deutschland und Russland auf dem Gebiet der Gesundheitsvorsorge.

Was wir auf der Ebene der Gesellschaften erleben, in der täglichen Praxis deutsch-russischer Zusammenarbeit, zeigt uns, wie viele Berührungspunkte es zwischen unseren Ländern gibt und wie groß das Potenzial der deutsch-russischen Beziehungen ist. Ich meine, dass Deutschland und Russland sich als Partner in vielen Bereichen gut ergänzen können – mit Chancen und Vorteilen für beide Seiten. Das gilt genauso für die Europäische Union.

Und ich freue mich darüber, dass sehr viele Menschen in Deutschland, in Russland und auch in Polen ganz ähnlich denken und sich Europa als einen Kontinent der Kooperation wünschen.

In einer Zeit zunehmender politischer Sprachlosigkeit und Distanz sind es die zwischengesellschaftlichen Verbindungen, die die Brücken zwischen unseren Ländern begehbar halten, die verhindern, dass unsere Völker vollends auseinanderdriften und einander wieder als Gegner gegenüberstehen. Diese Bürgerkooperation weiter zu stärken, muss unser Ziel sein, sie ist ein stabilisierender Faktor für die deutsch-russischen Beziehungen – umso mehr als sich die gegenwärtige Konfrontation zum größten Teil in den Eliten abspielt. Der Vertrauensvorrat, den Deutsche und Russen in einem Vierteljahrhundert erfolgreicher Zusammenarbeit angelegt haben, ist heute von unschätzbarem Wert. Bundespräsident Frank-Walter Steinmeier hat vor dem schwindenden Vertrauen und der gefährlichen Entfremdung zwischen Russland und dem Westen gewarnt und uns Deutschen ins Gewissen geredet: »Wir dürfen nicht Russland insgesamt, das Land und seine Menschen, zum Feind erklären. Dagegen steht unsere Geschichte und dafür steht zu viel auf dem Spiel.«[77] Das Deutsch-Russische Forum und auch der Petersburger Dialog, für die ich beide tätig sein darf, fühlen sich dem voll und ganz verpflichtet.

»Nicht Putins Russland, sondern Russlands Putin«

Wladimir Putin regiert Russland seit dem Beginn des neuen Jahrtausends. Am 9. August 1999 ernannte ihn Präsident Jelzin zum Ministerpräsidenten, am 31. Dezember des Jahres trat er dessen Nachfolge an. Seitdem ist Putin der unbestrittene Herrscher im Kreml – mit zwei Amtszeiten als Präsident, danach einer als Ministerpräsident und seit 2012 wieder als Präsident der Russischen Föderation. Putin ist im eigenen Land populär. Die zuletzt gesunkenen Zustimmungswerte für ihn als Präsidenten lagen im Oktober 2019 nach Umfragen des Moskauer Meinungsforschungsinstituts Lewada noch immer bei 70 Prozent. Nicht seine beste, auch nicht seine schlechteste Rate. Sechs Prozent der Befragten bezeichneten ihre Einstellung zur Person Putin als dezidiert negativ (»Aversion« oder »Antipathie«), 32 Prozent als dezidiert positiv (»Begeisterung« oder »Sympathie«). Ein Allzeithoch von fast 90 Prozent Zustimmung erreichte der Präsident nach der Eingliederung der Krim 2014, die zu Hause sehr viel Zustimmung fand, während der Westen die Annexion verurteilte.

Protest gegen die Zustände im Land gibt es immer wieder, wobei die Bereitschaft der Moskauer Bürgerinnen und Bürger, auf die Straße zu gehen, doppelt so hoch ist wie im Landesdurchschnitt. Größere politische Demonstrationen hat es seit 2011 und 2012, als es nach Unregelmäßigkeiten bei den Parlamentswahlen zur größten Protestwelle in Russlands jüngerer Geschichte kam, erst wieder 2019 gegeben. Bis dahin gingen die Menschen in den meisten Fällen auf die Straße, um gegen bestimmte Missstände in ihrem Alltag anzukämpfen – Wohnraumspekulation etwa oder schadstoffbelastete Müllhalden und natürlich die allgegenwärtige Korruption im Land. Der bekannteste Opponent der Kreml-Politik, Alexej Nawalny, versammelte zum Beispiel im März 2017 mehrere Zehntausend Menschen in vielen russischen Städten zu Anti-Korruptionsprotesten. Im Mai demonstrierten rund 20 000 Moskauer gegen den Abriss von in der Chruschtschow-Zeit errichteten, heute oft maroden Plattenbauten. Im Sommer und Spätsommer 2018 gingen mehrere Tausend Menschen in ganz Russland gegen eine Erhöhung des Renteneintrittsalters auf die Straße. Im September 2019 dann gab es eine starke politische Protestwelle im Umfeld der Wahlen zum Moskauer Stadtparlament, weil oppositionelle Kandidaten nicht zugelassen wurden. Die Polizei geht häufig mit großer Härte gegen die Demonstranten vor, viele werden in Gewahrsam genommen. Oft werden Demonstrationen auch erst gar nicht genehmigt.

In den Metropolen Moskau und St. Petersburg, in den großen Städten, wünscht sich so mancher, gerade unter den jungen, urbanen Eliten, ein »Russland ohne Putin«. Das war auch eine Losung der Demonstrationen 2011 und 2012. Doch aus den Kampagnen ist, wenngleich seinerzeit bei westlichen Beobachtern viel die Rede davon war, keine Oppositionsbewegung hervorgegangen. Viele Teilnehmer blieben den Oppositionellen gegenüber skeptisch – wegen ihrer unklaren Konzepte, aber auch wegen ihrer Radikalität: »Der gerade von ausländischen Beobachtern als charismatische Führungsfigur stilisierte Aleksej Nawalnyj ist zwar wirklich ein unerschrockener Aktivist gegen die staatliche Korruption«, urteilte der österreichische Politikwissenschaftler Gerhard Mangott damals, »er ist aber auch ein radikaler russischer Nationalist.«[78] Das Lewada-Institut ermittelte im Sommer 2012, dass nur sieben Prozent der russischen Bürgerinnen und Bürger die Forderung nach einem »Russland ohne Putin« ausdrücklich unterstützten, 32 Prozent hingegen vollständig ablehnten. Auch äußerten 75 Prozent der Befragten, »eher nicht« oder »bestimmt nicht« an den Demonstrationen teilzunehmen.

Die *eine* große und geeinte, gegen den Präsidenten gerichtete Oppositionsbewegung gibt es in Russland bis heute nicht. Überhaupt sollten wir uns nicht der Illusion hingeben, dass von Kaliningrad bis Kamtschatka über Nacht pure Demokratie ausbräche, wenn Putin nicht mehr an der Macht wäre, oder dass etwa Alexej Nawalny, der sich heute liberal positioniert, in der Vergangenheit aber häufig nationalistisch und rassistisch äußerte, Russland zu einem Hort der Liberalität machen würde. Vor einigen Jahren behauptete der prominenteste Kritiker des Kremls, Michail Chodorkowskij, Putin sei liberaler als 80 Prozent der Russen.[79] Im Juni 2019 sagte er in Berlin, dass man Verdruss über Putin nicht mit einem Streben nach mehr Demokratie in Russland gleichsetzen solle.[80] In der Tat führen solche Vorstellungen in die Irre. Der ehemalige Chefredakteur und Herausgeber der Wochenzeitung *Die Zeit*, Theo Sommer, schrieb 2017, dass es endlich geboten sei, zu »erkennen und anzuerkennen, dass wir es nicht mit Putins Russland zu tun haben, sondern mit Russlands Putin«.[81] Das, so meine ich, kommt der Wirklichkeit im Land um einiges näher als die Blütenträume derer, die glauben, allein Wladimir Putin verbarrikadiere der russischen Bevölkerung den Weg zur ersehnten Demokratie nach westlichem Muster.

Ebenso sollten wir uns keine Illusionen machen, dass

die Richtung der russischen Außenpolitik einer Nach-Putin-Ära sich von Grund auf ändern würde – wann auch immer diese anbrechen mag. Offiziell endet die vierte Amtszeit des Präsidenten 2024. Die Russen werden ihren neu gewonnenen Großmachtstatus nicht wieder aufgeben. Russland wird weiter in der Welt auf Augenhöhe mit den Vereinigten Staaten von Amerika agieren wollen und seine eigenen Interessen verfolgen und behaupten.

Wir müssen uns also wohl mit dem Gedanken anfreunden, dass ein Russland nach Putin im Innern wie auch nach außen nicht automatisch auf den »Weg nach Westen« einschwenken wird, zumal das Vertrauen in die Wirksamkeit der westlichen Demokratierezeptur nicht nur in Russland stark gelitten hat. Alles andere scheint mir eher Wunschdenken zu sein.

Die Verhältnisse in der Welt zu nehmen, wie sie nun einmal sind, bedeutet nicht, diese gutzuheißen. Zu »erkennen und anzuerkennen« ist keine Apologie autokratischer Herrschaftsstrukturen, mögen sie als »autoritäre«, »illiberale« oder »gelenkte« Demokratien etikettiert werden, und schon gar nicht ihrer Protagonisten. Zur Wahrheit gehört aber nun einmal, dass Demokratien rund um den Erdball nicht nur von denen, die regieren, bedroht werden. Wir sehen heute in der westlichen Welt, leider auch in unserem Land, dass mehr oder weniger große Teile der Bevölkerung sich von der demokratischen Ordnung abwenden. Die Unsicherheit wächst – die Gesellschaften werden älter, die großen Städte werden voller, das Land leerer, ganze Regionen veröden. Die Welt dreht sich immer schneller. Globalisierung, Migration, Klimawandel, heraufziehende Wirtschafts- und Sicherheitskrisen erzeugen Ängste. Die oft bürokratischen, kleinteiligen Antworten der Demokratie auf die großen Herausforderungen befriedigen manchen weniger als die simplen der Populisten, die schnelle und einfache Lösungen versprechen. Viele sind nicht bereit, sich der Mühe zu unterziehen, die langwierigen und komplexen demokratischen Prozesse nachzuvollziehen, an ihnen mitzuwirken und sie zu stützen. In Europa haben diese Entwicklungen zur Wahl der rechtspopulistischen Regierungen in Polen und Ungarn geführt, in den Vereinigten Staaten zur Wahl von Donald Trump. Auch in Demokratien können demokratiegefährdende Kräfte Mehrheiten erzielen. Nicht einmal dreißig Jahre nach Francis Fukuyamas Prophezeiung, das westliche demokratische Modell werde nach dem Zusammenbruch der sozialistischen Staatensysteme seinen Siegeszug antreten, steht die liberale Demokratie unter Druck.

Mit einem revolutionären Umbruch in Russland ist derzeit nicht zu rechnen, das System ist nicht instabil. Die Tage des Präsidenten sind, sosehr sich manch einer das auch wünschen mag, nicht gezählt. Vieles vom Unmut in der Bevölkerung geht auf Entwicklungen zurück, die wir auch aus unseren westlichen Gesellschaften kennen, die in Russland aber – wie der demografische Wandel und das Stadt-Land-Gefälle – eine stärkere Dynamik zeigen. All dies wird noch einmal verstärkt durch die wirtschaftliche Stagnation der vergangenen Jahre. Die Ungleichheiten im Land nehmen zu. Viele Menschen in der Peripherie fühlen sich mit ihren Sorgen und Nöten in der Hauptstadt nicht ernst genommen und zu wenig gehört, die Zweifel an der Handlungsfähigkeit der Politik nehmen zu. Auch das kennen wir aus Europa und den Vereinigten Staaten.

Ob Wladimir Putin willens und imstande ist, notwendige Veränderungen im politischen System vorzunehmen, um im Land einen Wandel zum Besseren herbeizuführen, ist die eine Frage. Die andere Frage ist, ob ein radikaler

Umsturz, der laut einigen westlichen Beobachtern immer wieder kurz bevorsteht, wünschenswert wäre. Sollte ein Land dieser Dimension, der größte Flächenstaat der Erde mit 140 Millionen Menschen, eine Atommacht, in Schieflage geraten, wäre das ein mehr als beunruhigendes Szenario für die europäischen Nachbarn. In Russland – das hat die Präsidentschaftswahl 2018 gezeigt – wollen die meisten Menschen keinen radikalen Bruch, vielleicht auch aus Furcht vor neuem Chaos im Land, wie es aus den Neunzigerjahren noch in Erinnerung ist. Aber sie haben das Verlangen nach einem besseren Leben und mehr Wohlstand, denn die real verfügbaren Einkommen sinken seit Jahren. Über den Weg dahin allerdings scheint die Gesellschaft uneins. In einer Umfrage des Lewada-Instituts im Vorfeld der Wahl wünschten sich – ungeachtet dessen, wer zum neuen Präsidenten gewählt würde – 42 Prozent der Befragten eine unveränderte, 34 Prozent eine »härtere« und zwölf Prozent eine »liberalere« Innenpolitik. Das ist alles andere als ein Votum für einen Politikwechsel.

Die Menschen in Russland pflegen einen europäischen Lebensstil, sie denken aber zum großen Teil weniger liberal als wir im Westen. Wir können das bedauern, müssen es aber respektieren. »Wir in Osteuropa«, erklärte unlängst der bulgarische Intellektuelle Ivan Krastev, »mochten den Westen, aber nur wie wir ihn uns vorstellten, als wir ihn noch nicht kannten, viel mehr jedenfalls als jetzt den real existierenden Westen.« Heute sehen wir, dass auch der Weg der osteuropäischen Gesellschaften nach dem Ende des Staatssozialismus nicht schnurstracks nach Westen geführt hat. In Polen, in Ungarn, in Tschechien wird drei Jahrzehnte nach »1989« nicht der Triumph der liberalen Demokratie gefeiert. »Der Westen sollte toleranter sein«, rät Krastev, »die Psychologie dieser Gesellschaften verstehen lernen« und nicht nur auf seinen Prinzipien beharren, weil das nur Brüche produziere.[82]

Auch das Kapitel Wladimir Putin wird in der russischen Geschichte eines Tages abgeschlossen sein. Es wäre naiv zu glauben, alle Schwierigkeiten im Land und in den Beziehungen zu den europäischen Nachbarn würden sich mit Putins Abgang von der politischen Bühne in Wohlgefallen auflösen. Wer weiß, vielleicht fangen sie dann erst richtig an. Was bleiben wird, ist der tiefe Bruch auf unserem Kontinent – und mit jedem Jahr und Tag, den die Konfrontation zwischen Russland und Europa andauert, wird es schwieriger, diesen wieder aus der Welt zu schaffen. Wie viel gemeinsame Substanz wird zwischen Europäern, Deutschen und Russen nach der langen Frostperiode in den Beziehungen noch vorhanden sein? In den letzten Jahren sind die Sympathien für Deutschland in der russischen Bevölkerung zurückgegangen. Doch immer noch bringen uns die Menschen viel Vertrauen entgegen. Sind wir klug beraten, Russland weiter zu isolieren und weiter von Europa wegzuschieben? Wem hilft ein neuerlich geteiltes Europa, in dem die Mächte sich feindselig gegenüberstehen und an die trügerische Hoffnung klammern, dass ihnen ihre militärischen Mittel einen ruhigeren Schlaf bescheren könnten?

IX. »Frieden muss gestiftet werden«

Rüsten statt reden?

Im Mai 2019 kündigte NATO-Generalsekretär Jens Stoltenberg erstmals seit Jahrzehnten eine neue Marschrichtung für das westliche Militärbündnis an. Seit 2014, erklärte er, gebe es ein »neues Sicherheitsumfeld«. Russland setze zunehmend die »nukleare Drohung« gegen den Westen ein. Nun gehe es darum, auch in Zukunft für Stabilität sorgen zu können, was »teilweise neue militärische Konzepte« erfordere. Stoltenberg begrüßte die Erhöhung der Verteidigungsausgaben in Deutschland. Er erinnerte daran, dass alle NATO-Staaten 2014 übereingekommen seien, zwei Prozent ihres Bruttoinlandsprodukts für ihr Militär aufzuwenden, da die Allianz »in schwierigen Zeiten« ihre »militärischen Fähigkeiten signifikant verbessern« müsse.[83]

Das Gremium für den politischen Dialog mit Russland legte die Allianz in diesen »schwierigen Zeiten« auf Eis: Der NATO-Russland-Rat wurde wie schon im Georgien-Konflikt 2008 auch in der Ukraine-Krise ausgesetzt – von Juni 2014 bis April 2016. Danach tagte er sporadisch auf Botschafterebene. Die NATO-Grundakte von 1997 über »gegenseitige Beziehungen, Zusammenarbeit und Sicherheit« zwischen dem westlichen Bündnis und Russland misst dem »Ständigen Gemeinsamen NATO-Russland-Rat« eine zentrale Bedeutung zu. Regulär sollen in dem Gremium zweimal im Jahr die Außen- und Verteidigungsminister zusammenkommen, monatlich die Botschafter und auch militärische Vertreter – ein Tagungsrhythmus, der nie erreicht wurde. Der NATO-Russland-Rat soll »das wichtigste Forum für Konsultationen zwischen der NATO und Russland in Krisenzeiten oder in Bezug auf jede andere Situation bilden, die den Frieden und die Stabilität berührt«. In Notsituationen sind außerordentliche Sitzungen vorgesehen, um »umgehende Konsultationen« im Rat zu ermöglichen. Ihn in genau diesen Fällen zu suspendieren, führt den Zweck des NATO-Russland-Rats ad absurdum. In Krisenzeiten wäre doch zu erwarten, dass Gespräche und Verhandlungen höchste Priorität haben, dass im Gemeinsamen Rat auf höchster Ebene getagt wird, dass die Außenminister oder auch die Staats- und Regierungschefs zusammenkommen.

Die Beteuerungen der NATO heute, der Dialog mit Russland sei wichtig und man brauche ihn, um die »Beziehungen zu verbessern und Spannungen zu reduzieren«, bleiben rhetorische Leerformeln, solange sich im NATO-Russland-Rat die Botschafter gegenübersitzen.[84] Auf dieser Ebene können die schwer belasteten Beziehungen zwischen der Militärallianz und Russland nicht neu geordnet werden – aber darum muss es heute gehen. Es bleibt die ernüchternde Feststellung, dass ein ernst gemeinter politischer Dialog mit Russland in dem Gremium weder in ruhigen noch in stürmischen Zeiten stattfand und auch weiter nicht stattfindet.

Der NATO-Russland-Rat blieb für Russland auch in den Situationen, die »den Frieden und die Stabilität« berühren, der »Katzentisch«, als den der ehemalige Außenminister Joschka Fischer ihn bezeichnete: Er diente nicht dazu, gemeinsame Entscheidungen und Lösungen zu finden, sondern Russland die Politik der NATO zu erklären. 2006 wurde Russland mitgeteilt, dass in Polen ein amerikanisches Raketenabwehrsystem und in Tschechien eine Radaranlage aufgebaut werden sollen – seinerzeit zum Schutz vor Interkontinentalraketen des Iran, über die dieser übrigens bis heute nicht verfügt. Den Beteuerungen der NATO-Staaten, dass das System nicht gegen Russland gerichtet sei, schenkte Moskau keinen Glauben und verwies darauf, dass die Basen auch für einen nuklearen Angriff auf Russland genutzt werden könnten. Damit wäre auch der INF-Vertrag verletzt.

Trotz der Einwände Moskaus installierten die USA eine Raketenabwehr, Polen und Rumänien wurden letztlich die Standorte. Der Abschluss des Atomabkommens mit dem Iran 2015, durch den die iranische Bedrohung praktisch wegfiel, änderte daran nichts. Ende 2015 wurde die Raketenabwehrbasis im rumänischen Deveselu eröffnet, 2020 soll die Basis im polnischen Redzikowo einsatzbereit sein. Das Konfliktpotenzial der Raketenabwehr in Osteuropa ist immens. Moskau sieht die Systeme als Bedrohung für seine Sicherheit, argwöhnt, dass sie nicht nur defensiv, sondern auch offensiv eingesetzt werden können, und antwortet mit Gegenmaßnahmen. Russland stationierte nach der Inbetriebnahme der rumänischen Basis wieder Iskander-Raketen in der Enklave Kaliningrad und entwickelte neue Hyperschall-Marschflugkörper, die von der Raketenabwehr nicht abgefangen werden können – der Beginn einer neuen Rüstungs- und Eskalationsspirale. Im NATO-Russland-Rat herrschte vor allem Schweigen.

Es scheint überhaupt keinen politischen Willen zu einem Dialog zu geben, in dem man einen Ausgleich mit Russland sucht. Vielmehr wird erwartet, dass Russland »kooperiert«. In der Frage der amerikanischen Raketenabwehr in Osteuropa ist diese Haltung klar zutage getreten. Eine Studie der Stiftung Wissenschaft und Politik zur Raketenabwehr rekapituliert: »Die USA beharrten auf einer Stationierung von Raketenabwehrfähigkeiten in

Europa, trotz mehrerer Versuche Russlands, sie davon abzubringen. Unter Kooperation verstand Washington die Nutzung vertrauensbildender und für Transparenz sorgender Maßnahmen mit dem Ziel, die russischen Sorgen auszuräumen. Ein gemeinsames Raketenabwehrsystem mit Russland strebten die USA zu keinem Zeitpunkt an.«[85] Dies hatte Moskau vorgeschlagen, um der potenziellen Bedrohung durch iranische Raketen zu begegnen, und offenbarte damit eine ganz andere Auffassung von »Kooperation«, die auch der deutsche Außenminister teilte. Auf der Münchner Sicherheitskonferenz 2009 empfahl Frank-Walter Steinmeier, in der Frage des geplanten Raketenabwehrschirms zwischen den USA, Europa und Russland »nach einvernehmlichen Lösungen« zu suchen: »Wenn es sich um gemeinsame Bedrohungen handelt, dann müssen auch gemeinsame Antworten möglich sein.«

Im Dialog mit Russland und der westlichen Allianz offenbart sich immer wieder dasselbe Denkmuster: Es geht nicht darum, gemeinsam einen Interessenausgleich zu suchen, sondern lediglich darum, dass Russland bereits getroffene Entscheidungen akzeptiert. Die russischen Sicherheitsbedenken werden von den Vereinigten Staaten von Amerika und der NATO übergangen. Eine Politik der Verständigung sieht anders aus. Wie notierte Willy Brandt für seine Tutzinger Rede: »Es gibt keinen Ausgleich von Interessen, wenn man die Interessen der anderen Seite ignoriert.« Und das führt geradewegs in die Konfrontation.

In der Auseinandersetzung um den INF-Vertrag, der den USA und Russland die Aufstellung und Entwicklung nuklear bestückter Mittelstreckenraketen verbot, wurde dieses Denkmuster wieder deutlich. Beide Mächte warfen sich seit einigen Jahren vor, das für die Sicherheit in Europa elementare Abkommen zu verletzen. Im Oktober

2018 kündigte US-Präsident Trump an, aus dem Vertrag auszusteigen, da Russland mit einem neuen Raketensystem gegen den Vertrag verstoße. Moskau erwiderte, die Anschuldigungen seien haltlos, und wiederholte seine Ansicht, die USA brächen den Vertrag, weil mit dem im rumänischen Deveselu installierten Aegis-Raketenabwehr-System auch konventionelle oder nukleare Marschflugkörper gegen Russland offensiv eingesetzt werden können.

Noch in der Abschlusserklärung zum NATO-Gipfel in Brüssel im Juli 2018 bekräftigten die Staats- und Regierungschefs der NATO-Mitgliedstaaten, dass der INF-Vertrag maßgeblich zur euroatlantischen Sicherheit beitrage und sie weiter »uneingeschränkt« für seinen Erhalt einträten. Dann setzte Washington Russland ein Ultimatum von sechzig Tagen für eine Zusage, die inkriminierten Raketen zu vernichten. Im Dezember unterstützten die Außenminister der NATO-Staaten das Ultimatum und warfen Russland vor, den Vertrag gebrochen zu haben. Die Bundesregierung ließ mitteilen, der Ball liege im Feld Moskaus, und forderte die russische Regierung auf, die Marschflugkörper abzurüsten.[86] Auf die Bedenken der russischen Seite wurde nicht eingegangen. Der ehemalige Leiter der Münchner Sicherheitskonferenz Horst Teltschik hat darauf aufmerksam gemacht, dass dieses Vorgehen alle Erfahrungen aus dem bipolaren Zeitalter außer Acht lässt: »Heute wird erwartet, dass Russland einseitig nachgibt und auf den Pfad einschwenkt, den der Westen vorgibt. Würde man die Lehren des Kalten Krieges beherzigen, müsste man dagegen auch die russischen Kritikpunkte angehen.«[87]

Am 1. Februar 2019 stieg die amerikanische Regierung mit Rückendeckung der NATO-Partner aus dem Vertrag aus. Die NATO sieht die alleinige Verantwortung für das

Ende des Vertrags bei Russland, das sich nun ebenfalls nicht mehr an den Vertrag gebunden fühlt. Eines der wichtigsten Rüstungskontrollabkommen der jüngeren Geschichte ist beerdigt worden.

Die »nukleare Drohung«, die Jens Stoltenberg heraufbeschwor, ist für Europa real geworden. Nun steht die Welt vor einem neuen Wettrüsten, das gravierende Konsequenzen für Europa und auch Deutschland haben könnte. Das atomare Gespenst ist aus der Vergangenheit zurückgekehrt.

Das Ende des INF-Vertrags führt uns zurück in eines der riskantesten Kapitel des Kalten Krieges. Nach dem NATO-Doppelbeschluss von 1979 wurden in den Achtzigerjahren als Reaktion auf die neuen sowjetischen SS-20-Raketen amerikanische Pershing II-Raketen in der Bundesrepublik Deutschland und Marschflugkörper in Belgien, Großbritannien und Italien stationiert. Nie zuvor lagerten auf europäischem Boden so viele Atomwaffen in den Arsenalen. Die Angst vor einem Atomkrieg bewegte die Gesellschaften. In der Bundesrepublik protestierten Hunderttausende gegen die Aufrüstung. Bundeskanzler Helmut Schmidt stürzte über die »Nachrüstungsdebatte«. Der INF-Vertrag, den US-Präsident Ronald Reagan und der sowjetische Staatschef Michail Gorbatschow im Dezember 1987 in Washington unterzeichneten, ließ die Europäer aufatmen. Die nuklearen Mittelstreckenraketen und Marschflugkörper verschwanden von ihrem Kontinent. Im September 1990 verließen die letzten Pershing II Deutschland. Im Jahr darauf waren alle Pershing II- und SS-20-Raketen verschrottet.

Mit dem Doppelbeschluss ging das westliche Militärbündnis damals parallel zwei Wege: die Ankündigung der Nachrüstung zum einen und ein Angebot zur Verständigung auf eine beiderseitige Abrüstung zum anderen. Dieses mündete nach längeren Verhandlungen zwischen den USA und der Sowjetunion in den INF-Vertrag. Heute ist das anders. Die NATO verfolgt nur den einen Weg, Russland ihre militärische Stärke entgegenzuhalten und zur Umkehr aufzufordern. »Nur Russland kann den INF-Vertrag retten«, lautete es entsprechend aus der Bundesregierung. Wir wissen aus dem Kalten Krieg, dass das nicht ganz richtig ist: Sicherheit ist eine gemeinsame Errungenschaft, die gemeinsam organisiert und kultiviert werden muss, sie ist nicht auf Kosten des anderen zu erreichen – beide Seiten müssen etwas dafür tun. Das aber lehnt die NATO ab: Konstruktive Vorschläge, die beiderseitigen Sicherheitsinteressen auszugleichen, macht sie nicht; russische Vorstöße wie den eines Moratoriums für die Stationierung von Raketensystemen kürzerer und mittlerer Reichweite in Europa weist sie zurück. Welches Ziel hat man mit dieser Politik im Blick – und hat man ihre Folgen bedacht?

Nicht von ungefähr erinnern wir uns heute der Ostpolitik der Sechziger- und Siebzigerjahre. Im Februar 2019, am Vorabend der Münchner Sicherheitskonferenz, schrieb der ehemalige Chefredakteur der *Süddeutschen Zeitung*, Heribert Prantl: »Man wünschte sich, ... in München wären diesmal ganz viele Staatsfrauen und Staatsmänner vom Typus eines Willy Brandt und eines Egon Bahr. Sie standen für visionären Pragmatismus. Dieser visionäre Pragmatismus hatte seit den Sechzigerjahren des vorigen Jahrhunderts vermeintlich Unmögliches zum Ziel: mit einer ideologie- und illusionsfreien Politik dem Kalten Krieg allmählich ein Ende zu machen. Das Unmögliche wurde möglich. Es war der Wandel durch Annäherung. Der INF-Vertrag von 1987 war eines der Ergebnisse dieses Wandels.

Entspannungspolitik ist nie zu Ende. Sie muss immer wieder von Neuem versucht werden.«[88]

Die westliche Welt und ihre Militärallianz scheinen mit dem Kapitel Entspannungspolitik abgeschlossen zu haben. Doch welches politische Konzept verfolgen sie stattdessen? Das beherrschende Thema in der Allianz ist seit dem Amtsantritt Donald Trumps das zuerst 2002 verabredete und 2014 auf dem NATO-Gipfel in Wales bekräftigte Zwei-Prozent-Ziel der NATO, das der amerikanische Präsident von den europäischen NATO-Partnern und besonders von Deutschland immer wieder mit Nachdruck einfordert – mithin eine deutliche Steigerung der Rüstungsausgaben. Zu welchem Zweck?

Das westliche Militärbündnis steckt wie die Europäische Union in einer Sinnkrise und sucht nach Gemeinsamkeiten. Donald Trump hat Zweifel an der Bündnistreue der Vereinigten Staaten gestreut. Disparitäten innerhalb der Gemeinschaft sind unübersehbar, wie zuletzt in Nordsyrien, wo der NATO-Partner Türkei die Kurdenmiliz YPG – Verbündete der USA – bekämpft. Eine kohärente Strategie hat die NATO nicht vorzuweisen. Zu konstatieren ist, dass sie sich heute »de facto wesentlich durch ihr Verhältnis gegenüber Russland« definiert, wie Johannes Varwick, Präsident der Gesellschaft für Sicherheitspolitik, es ausdrückte.[89] Zuweilen mutet das wie ein Anachronismus an.

Der französische Präsident Emmanuel Macron hat im siebzigsten Jahr der NATO den Finger in diese Wunde gelegt und eine Debatte über die Ausrichtung der Allianz angestoßen, mit der Frage: »Gegen wen, gegen was verteidigen wir uns, gegen Russland, China? Das glaube ich nicht.« Macron erklärte in einem Interview mit der britischen Zeitschrift *The Economist* im November 2019, er versuche, die »Welt zu begreifen, wie sie ist« und ziehe daraus die Konsequenz, dass Europa seine »Nachbarschaftspolitik wieder selbst in die Hand nehmen« müsse: »Wir können sie nicht von Dritten, die nicht dieselben Interessen teilen, gestalten lassen.« Aus diesem Grund forderte der Präsident zum einen, Europa solle im Hinblick auf seine militärischen Fähigkeiten und seine militärische Strategie »autonom« werden. Bundeskanzlerin Angela Merkel kam 2017 – nach NATO-Gipfel und G7-Treffen mit Donald Trump – zu einem ähnlichen Schluss: »Die Zeiten, in denen wir uns auf andere völlig verlassen konnten, die sind ein Stück weit vorbei.« Zum anderen forderte Macron, den »strategischen Dialog« mit dem europäischen Nachbarn Russland wiederaufzunehmen.

Der französische Präsident ruft damit jenes sicherheitspolitische Substrat in Erinnerung, auf dem in den Siebzigerjahren des vergangenen Jahrhunderts die neue Ostpolitik der sozialliberalen Bundesregierung erfolgreich gedeihen konnte: den Harmel-Bericht der NATO.

»Frieden auf zwei Beinen«

In der Geburtsstunde der Entspannungspolitik steckte die NATO ähnlich wie heute in einer schwierigen Krise. Frankreich hatte der NATO den Rücken gekehrt, die Vereinigten Staaten führten Krieg in Vietnam. Die vom damaligen belgischen Außenminister Pierre Harmel geleitete Studie über die künftigen Aufgaben der Allianz wies der NATO vor fünfzig Jahren einen neuen Weg. Der Ende 1967 vom NATO-Ministerrat gebilligte Harmel-Bericht verordnete eine Doppelstrategie: Sicherheit sollte nicht mehr, wie bis dahin, allein auf militärischer Stärke beruhen, sondern in gleichem Maß auf einem vertrauensbildenden politischen Dialog – also auf Abschreckung *und* Entspannung. Damit wurde »der Frieden auf zwei Beine« gestellt, wie der Staatsrechtler Martin Kriele treffend formulierte. Im Dezember 2019 wies der französische Außenminister Jean-Yves le Drian in Prag darauf hin, dass Präsident Macron mit seinem Vorstoß für eine europäische »Vertrauens- und Sicherheitsarchitektur« an die Philosophie des Harmel-Berichts anknüpfe, wonach der Weg zu Frieden und Stabilität in Europa über konstruktive Entspannungsbemühungen der NATO führen solle. Das war auch der Weg, den alle Bundesregierungen bis zur Vereinigung der beiden deutschen Staaten verfolgten.

Die Wende zu einer Entspannungspolitik läutete die Allianz bereits im Juni 1968 mit dem »Signal von Reykjavík«, das Willy Brandt mitformuliert hatte, ein. Bei ihrem Treffen in der isländischen Hauptstadt boten die Außenminister der NATO-Staaten dem Warschauer Pakt Gespräche über beiderseitige Truppenreduzierungen an.

Zu einem solchen Signal ist die westliche Allianz heute nicht mehr bereit. Im Gegenteil: Die NATO lehnte im September 2019 Gespräche über ein vom russischen Präsidenten vorgeschlagenes Moratorium für atomare Mittelstreckenraketen ab und machte die Vernichtung der zunächst von den USA und dann von der gesamten Allianz beanstandeten Raketen, mit denen Russland den INF-Vertrag gebrochen habe, zur Voraussetzung für jede Verhandlung mit Moskau.

Der Frieden in Europa steht heute nur auf einem Bein. Die NATO kümmert sich um militärische Stärke, aber nicht um politische Entspannung und um stabile und vertrauensvolle Beziehungen zu Russland, auf deren Grundlage politische Fragen gelöst werden könnten. Das oberste politische Ziel, »eine gerechte und dauerhafte Friedensordnung in Europa« zu erreichen, das der Harmel-Bericht der Allianz ins Stammbuch schrieb, ist aufgegeben. Auch aus der europäischen Politik ist keine Initiative für eine Entspannung zu erwarten. Ich glaube, Präsident Macron hat recht, wenn er anmahnt, den Konflikt mit Russland zu entschärfen. Wir dürfen die Sache nicht ruhen lassen. Frieden erfordert Initiative. Wir müssen ihn aktiv organisieren. Willy Brandt hat in seiner Nobelpreisrede in Oslo im Anklang an Immanuel Kants Altersschrift *Zum Ewigen Frieden* von 1795 keinen Zweifel daran gelassen, dass wir Frieden im wahrsten Sinne des Wortes »machen« müssen – in Kants Diktion heißt das, Frieden muss »gestiftet« werden. Wir sollten uns auch heute keine Illusionen machen: Wo Menschen nebeneinander leben, ist Frieden kein Naturzustand.

Es ist zu wenig und es ist zu einfach, die andere Seite zu ermahnen, ihr Verhalten zu ändern und Forderungen zu stellen. »Ein Europa des Friedens«, führte Brandt in

Oslo aus, »braucht die Bereitschaft zum Hinhören auf die Argumente des anderen, denn das Ringen der Überzeugungen und Interessen wird weitergehen.« Dieser Mühe müssen wir uns unterziehen, auch wenn wir überzeugt sind, die besseren Argumente auf unserer Seite zu haben. Vielleicht hat der Westen – auch Deutschland – im Triumphalismus nach dem Ende des Kalten Krieges ein Stück weit die Fähigkeit zur Selbstkritik verloren, weil er glaubte, die allein seligmachende Weltformel gefunden zu haben. Dass nach dem Niedergang des Staatssozialismus alle Ostblockstaaten so werden wollten wie der Westen, schien ihm recht zu geben. Doch der allzu forschen Selbstgewissheit wohnt eine Gefahr für das friedliche Zusammenleben der Menschen inne. Auch dazu hat Brandt in Oslo etwas gesagt: »Der Anspruch auf das Absolute bedroht den Menschen. Wer sich im Besitze der ganzen Wahrheit glaubt, wer das Paradies nach seinen Vorstellungen heute und hier haben will, der zerstört nur zu leicht den Boden, auf dem eine menschenwürdige Ordnung wachsen kann.« In eben diesem Sinn war die Ostpolitik von Willy Brandt und Egon Bahr keine dogmatische, sondern eine konstruktive Politik. Sie folgte nicht Ideologien, sondern den Realitäten und stellte Verantwortung an die erste Stelle – und das macht sie für unsere Zeit wieder so bedeutsam: »Was damals, zu Beginn der Siebzigerjahre, mit Erfolg praktiziert wurde, werden andere jetzt neu lernen«, schrieb Egon Bahr 2013. »Nicht Demokratie und Menschenrechte, nicht einmal die Freiheit, sondern der Frieden muss global der oberste Wert bleiben. Auch für Partner, die nicht die politischen Strukturen westlicher Demokratien teilen, bleibt der Dialog das Mittel, um mit Vernunft Konflikte zu regeln und Interessen auszugleichen.«[90]

Es kann heute für uns in unseren Beziehungen zu

Russland nur darum gehen, in dem »Ringen der Überzeugungen und Interessen« immer wieder nach gemeinsamen Anknüpfungspunkten zu suchen: Welche Themen
können wir gemeinsam bearbeiten? Wo ergeben sich
Schnittmengen in unseren Interessen? Wo stehen wir
denselben Herausforderungen gegenüber?

In den 45 Jahren des Kalten Krieges hat es zwischen Ost
und West etliche Eskalationsphasen gegeben, aber auch
immer wieder eine Rückkehr zu einer Politik der Entspannung. Auch heute müssen wir uns im neu ausgebroche-
nen Ost-West-Konflikt die Frage stellen: Welche Alternative zur Entspannung steht uns eigentlich zur Verfügung?
Ich glaube – und teile damit die Einsicht des Historikers
Manfred Görtemaker –, dass es »eine vernünftige Alternative zur Entspannung nicht gibt«. Görtemaker lässt seine
Untersuchung zur Geschichte der Entspannungspolitik
von 1943 bis 1979 mit einem eher optimistischen Schlussakkord ausklingen. Nach einer konfrontativen Episode sei
im Ost-West-Verhältnis früher oder später eine Rückkehr
zur Entspannung zu erwarten, weil »die Prinzipien des
Atomzeitalters eine Politik interessengebundener Kooperation zur Ausschaltung von Kriegsrisiken stärker begüns-
tigen als eine Politik kalkulierter Konfrontation, die sich
stets am Rande eines Atomkrieges bewegt«.[91] An dieser
Diagnose hat sich bis heute nichts geändert: Kooperation
ist ein Gebot politischer Vernunft. Niemand dürfte das
besser wissen als die Europäer.

Kooperation als Schlüsselwort
des 21. Jahrhunderts

Nach zwei Weltkriegen im vergangenen Jahrhundert herrscht seit über siebzig Jahren Frieden in Europa. Seit den Kriegen im ehemaligen Jugoslawien und dem bewaffneten Konflikt im Osten der Ukraine müssen wir präziser sagen: in der Europäischen Union. Frieden ist das wichtigste Gut, das die europäische Integration hervorgebracht hat. Die Gründung der Europäischen Gemeinschaft für Kohle und Stahl im Jahr 1952 – die Montanunion von Belgien, der Bundesrepublik Deutschland, Frankreich, Italien, Luxemburg und den Niederlanden – erfolgte im Dienst des Friedens. Länder, die wirtschaftlich miteinander verbunden sind, die Handel miteinander treiben, so die Idee der Gründerväter, sind nicht mehr anfällig für kriegerische Auseinandersetzungen.

Das Erfolgsrezept des Friedensprojekts Europa könnte man auch »kooperative Vernunft« nennen. Egon Bahr hat argumentiert, dass Europa aus seiner blutigen Geschichte »schmerzhaft und leidvoll gelernt hat« und ganz pragmatisch seine militärische Schwäche in der Welt – neben den Supermächten USA und Sowjetunion – zu einer Stärke machte: »Das Wunder seines Lebensstandards wie seine Attraktivität verdankt es der friedlichen Zusammenarbeit.« Die großen Herausforderungen des 21. Jahrhunderts, deren Auswirkungen wir heute auch in Europa immer deutlicher zu spüren bekommen – Klimawandel, Migration oder weltweiter Terror –, lassen sich nicht mit militärischer Gewalt, nicht im nationalen Alleingang, sondern nur durch friedliche Kooperation lösen. Bahr hat auf der Grundlage dieser Gegebenheiten und Bedingungen eine Zukunftsaufgabe für Europa, das noch in den Anfängen seiner »globalen Handlungsfähigkeit« steckt, formuliert: »Es ist eine europäische Verantwortung, dass ›Kooperation‹ zum Schlüsselwort unseres Jahrhunderts wird.«[92]

Das gilt zuallererst für den eigenen Kontinent. Wir sollten der Wahrheit ins Gesicht sehen: Europa braucht Russland, um in der Welt nicht an Gewicht zu verlieren. Es kann nicht im europäischen Interesse liegen, es in die Arme Asiens zu treiben. Wir haben es heute mit einem sich immer weiter zurückziehenden, isolationistischen Amerika zu tun und sehen uns gleichzeitig einem immer mächtiger werdenden China gegenüber. Im Machtkampf zwischen diesen beiden Großen läuft Europa Gefahr, unter die Räder zu kommen. Präsident Macron hat daher mit gutem Grund gefordert, die europäische Großmacht Russland »an Europa anzudocken«, um zu verhindern, dass die Europäer zu einem Spielball anderer werden. Für diese europäische Kohärenz wird vor allem die Kooperation mit Russland im wirtschaftlichen Bereich von Bedeutung sein.

Der Europäischen Union ist in keiner Weise damit gedient, dass sich Russland noch weiter als bisher nach China orientiert, was durch die Sanktionen derzeit befördert wird. Michael Harms, Vorsitzender des Ost-Ausschusses der Deutschen Wirtschaft, betonte kürzlich wieder, dass die Sanktionen »zu einer Abschottung Russlands und einem wachsenden Einfluss Chinas« beitrügen.[93] Natürlich kann China die Löcher stopfen, die die Sanktionen des Westens in der russischen Wirtschaft reißen, und tut das auch bereitwillig. Doch das Reich der Mitte ist gewiss nicht der Wunschpartner Moskaus. Die Furcht, unter die Räder der wirtschaftlichen und technologischen Supermacht China zu geraten, ist wie in vielen Ländern auch in Russland groß.

Präsident Putin hat immer wieder betont, dass die wirtschaftliche Kooperation mit den Europäern für sein Land und dessen Entwicklung von vorrangiger Bedeutung ist. Die Normalisierung der Beziehungen zur Europäischen Union wird nach Einschätzung von Dmitrij Trenin, Direktor des Moskauer Carnegie-Zentrums, »eines der wichtigsten, wenn auch entfernteren, strategischen Ziele Russlands« bleiben. Moskau hat daher auch kein Interesse an einer Schwächung der Union. Ich glaube, die oft geäußerte Auffassung, Putin wolle Europa spalten, entbehrt der Logik. Dem russischen Präsidenten ist – anders als dem amerikanischen – an einem intakten und wirtschaftlich starken Europa gelegen. Donald Trump macht keinen Hehl daraus, dass ihm Europa ein Dorn im Auge ist. Er sagt: »Die Europäische Union wurde gebildet, um uns beim Handel auszunutzen«, er lobt Europagegner wie Boris Johnson und Nigel Farage, und der Brexit kann ihm nicht hart genug sein. Für Putin hingegen ist die Europäische Union heute und in langfristiger Perspektive Russlands wichtigster Wirtschafts- und Handelspartner.

Russlands Ökonomie erholt sich gegenwärtig von der Krise der vergangenen Jahre, die ihre Hauptursache in den seit 2014 gesunkenen Weltmarktpreisen für Rohöl hatte. Russland ist vom Handel mit fossiler Energie, auf den ungefähr 80 Prozent seiner Exporterlöse entfallen, abhängig. Um sein Land dauerhaft aus der Stagnation zu führen, ist der russische Präsident auf Investitionen und Technologie für die seit Langem modernisierungsbedürftige wirtschaftliche Infrastruktur angewiesen. Die Zweifel im Kreml, ob China dafür der richtige Partner ist, sind berechtigt. Die Modernisierung Russlands, dem ist man sich auch in Moskau sehr wohl bewusst, wird nur in einer Zusammenarbeit mit der Europäischen Union und Deutschland, dem wichtigsten Wirtschaftspartner Russlands, erfolgreich sein. Europäer, Deutsche und Russen können sich auf dem Kontinent hervorragend ergänzen – mit Chancen und Vorteilen für beide Seiten. Wir sollten die Möglichkeiten einer Kooperation in Gesprächen immer wieder aufs Neue vermessen und gemeinsame Interessen herausarbeiten. Russland ist heute, trotz aller Spannungen, der viertgrößte Handelspartner der Europäischen Union. Das Potenzial ist riesig – und wird heute nicht einmal annähernd genutzt.

Die Agenda für die Zusammenarbeit mit Russland umfasst eine ganze Liste vielversprechender Arbeitsfelder. Sie beginnt bei der Steigerung der Arbeitsproduktivität – je Einwohner hat Deutschland eine viermal höhere Wirtschaftsleistung als Russland – und setzt sich über Energiesicherheit, Klimaschutz, Digitalisierung, Weltraumforschung, Medizin und Mobilität bis zur Agrarwirtschaft fort. Deutschland und Russland können dabei auf einer ganzen Reihe bereits bestehender gemeinsamer Initiativen wie das Deutsch-Russische Rohstoff-Forum, die Deutsch-Russische Digitalisierungsinitiative oder den Deutsch-Russischen Agrarpolitischen Dialog aufbauen. Auch das aktuelle gemeinsame Themenjahr der Hochschulkooperation und Wissenschaft 2018 bis 2020 und die von den Bildungsministern verabschiedete »Deutsch-Russische Roadmap für die Zusammenarbeit in Bildung, Wissenschaft, Forschung und Innovation« von 2018 können zukunftsweisende Impulse geben.

Enge wirtschaftliche Verflechtungen und ein großes Handelsvolumen sind stabilisierende Faktoren in den gegenseitigen Beziehungen. Ein großes Infrastrukturvorhaben wie Nord Stream 2 ist ein echtes Schlüsselprojekt für Europa. Ich glaube, von diesem Projekt, an dem neben deutschen auch je ein österreichisches, britisch-niederländisches und französisches Unternehmen beteiligt sind, hängt in den Beziehungen zu Russland viel ab. Die Gaspipeline kann der europäisch-russischen Nachbarschaft neues Leben einhauchen. Wenn das Projekt gelingt – im Ausgleich mit der Ukraine, die wegen der damit verbundenen Einnahmen Transitland für russisches Gas bleiben will –, kann auch manches andere in den Beziehungen gelingen. Es macht auch Schritte zu einer Deeskalation in der Ost-Ukraine denkbar, wo fünf Jahre nach dem Ausbruch des Konflikts noch immer Menschen leiden und sterben. Nord Stream 2 ist ein Votum für ein Europa der Kooperation, das auch Russland mitnimmt. Die Verbindung lässt die Vision eines gesamteuropäischen Wirtschaftsraums ein Stück näher rücken. Ein weniger isoliertes, stärker an Europa »angedocktes« Russland ist ein Beitrag zu mehr Sicherheit auf dem europäischen Kontinent.

Den vor allem in den Vereinigten Staaten erhobenen Vorwurf, Deutschland mache sich durch die Pipeline abhängig von russischem Gas und so zur »Geisel Russlands«, halten Energieanalysten für unbegründet, da eine Vielzahl von Angeboten auf dem Markt verfügbar ist. Die Abhängigkeit besteht eher auf der anderen Seite: Russland ist auf die Einnahmen aus dem Gasgeschäft angewiesen. Daher ist Moskau die vergangenen 45 Jahren hindurch, in denen es Gas nach Europa lieferte, stets ein verlässlicher Energiepartner geblieben – selbst in den heikelsten Phasen des Kalten Krieges.

Die Gasleitung ist im vitalen Interesse Deutschlands, das nach dem Ausstieg aus der Kern- und der Kohleenergie künftig mehr Importgas benötigen wird. Russisches

Erdgas ist nun einmal weit weniger klimaschädlich und auch kostengünstiger als das amerikanische, durch Fracking gewonnene Flüssiggas, für das die Vereinigten Staaten neue Märkte suchen. Die kurz vor der Fertigstellung der Pipeline im Dezember 2019 in den USA auf den Weg gebrachten Sanktionen gegen an Nord Stream 2 beteiligte Unternehmen hat Außenminister Heiko Maas mit deutlichen Worten verurteilt. »Die europäische Energiepolitik wird in Europa entschieden, nicht in den USA.« Ich glaube es ist richtig, heute angesichts einer harten amerikanischen Interessenpolitik die europäische Souveränität – wie es auch der französische Präsident getan hat – stärker hervorzuheben. Europa muss seine eigenen Interessen auf seine Weise auslegen und vertreten. Dieses »Stück Selbstbestimmung«, so hat es Egon Bahr einmal formuliert, kann »mit der Emanzipation von Amerika beginnen«.[94]

Nord Stream 2 zeigt auch, wie schwierig es innerhalb der Europäischen Union ist, eine Interessenbalance zu finden. Die Bundesregierung befürwortet das Projekt, während die baltischen Staaten und Polen entschieden dagegen sind. Der Dissens lässt sich im Kern darauf zurückführen, dass die osteuropäischen Länder auf der einen und Deutschland auf der anderen Seite aus ihren unterschiedlichen historischen Erfahrungen auch unterschiedliche Schlüsse für den Umgang mit dem heutigen Russland ziehen. Die Vorbehalte der Osteuropäer gegenüber Russland sind verständlich. Wir sollten unsere Kräfte darauf richten, ihnen ihre durchaus berechtigten Sorgen zu nehmen – das dürfen wir im Übrigen auch von der russischen Führung erwarten. Deutschland muss in Europa eine Macht des Ausgleichs sein. Wir tragen besondere Verantwortung dafür, dass Feindbilder auf dem europäischen

Kontinent weder produziert noch konserviert werden – sie gehören ein für alle Mal begraben.

Russland ist für Europa nicht nur als Partner auf dem eigenen Kontinent, sondern auch als Partner in der Welt unverzichtbar. Die USA haben sich als globale Ordnungsmacht zurückgezogen. Heute ist kein Land mehr in der Lage, die komplexen Probleme in der Welt in Eigenregie zu lösen. Die Europäer und mit ihnen auch Deutschland werden ihrem Wunsch und Anspruch, auf weltpolitischer Bühne stärker als Friedens- und Gestaltungsmacht aufzutreten, nicht gerecht werden können, wenn sie im Alleingang handeln. Auch hier lautet das Schlüsselwort »Kooperation« – mit den Vereinigten Staaten, mit China und eben auch mit Russland.

Die Entwicklung des Bürgerkriegs in Syrien und die Flüchtlingskrise haben uns in aller Deutlichkeit vor Augen geführt, wie sehr es im europäischen Interesse ist, in unserer Nachbarschaft zu politischer Stabilität beizutragen und an der friedlichen Beilegung von Krisen und Konflikten mitzuwirken. Im Nahen Osten – auch das zeigt uns Syrien – ist Russland heute eine der tonangebenden Mächte. Wer aus Europa eine wie auch immer geartete sicherheitspolitische Initiative startet, muss zur Kenntnis nehmen, dass in der Region kein Weg an Russland vorbeiführt. Wir sollten uns der Realität stellen: Wenn wir im Nahen Osten mehr Verantwortung übernehmen wollen, wenn wir diesen Raum mitgestalten wollen, um ihn sicherer und friedlicher zu machen, muss Russland unser Kooperationspartner sein. Dies gilt genauso für andere Regionen der Welt. Dass die russische Außenpolitik bereit und auch imstande ist, eine konstruktive Rolle auf internationaler Ebene zu spielen, hat sie bei der Aushandlung des Atomabkommens mit dem Iran unter Beweis gestellt, das gemeinsam mit den USA, China, Frankreich, Großbritannien und Deutschland geschlossen wurde.

Die drängendste Frage im Verhältnis zu Russland bleibt die des Friedens im Osten der Ukraine, wo sich an der Frontlinie im Donbass nach wie vor ukrainisches Militär und von Russland unterstützte Separatisten gegenüberstehen. Die seit 2014 andauernde kriegerische Auseinandersetzung darf uns nicht ruhen lassen. Es ist gut, dass mit dem Treffen von Angela Merkel, Emmanuel Macron, Wladimir Putin und dem neuen ukrainischen Präsidenten Wolodymyr Selenskyj im Dezember 2019 in Paris die Verhandlungen über eine Lösung des Konflikts wieder in Gang gekommen sind. Der Ukraine-Gipfel in Paris brachte keine endgültige Einigung – was auch nicht zu erwarten war. Er hat aber gezeigt, dass nach dem deutlichen Wahlsieg Wolodymyr Selenskyjs und dem politischen Machtwechsel in Kiew eine neue Dynamik in den Verhandlungen möglich ist.

Nun ist es an der Zeit, dass die Europäische Union und Deutschland ihre Politik gegenüber Russland nach fünf Jahren einer kritischen Evaluation unterziehen. Europäer und Deutsche haben zum einen den Dialog mit Russland zurückgefahren – wegen der Ukraine-Krise wurden unter anderem die regelmäßigen europäisch-russischen Gipfeltreffen eingestellt und die deutsch-russischen Regierungskonsultationen ausgesetzt. Zum anderen haben sie Sanktionen verhängt, um Russland zu einer konstruktiveren Politik im Konflikt um die Ukraine zu bewegen. Welche Ergebnisse haben diese Ansätze gezeigt? Wir müssen nüchtern feststellen: Mit der Sanktionspolitik ist die Europäische Union ihrem Ziel, eine Verhaltensänderung der russischen Regierung herbeizuführen, nicht näher gekommen. In der alles entscheidenden Frage des Friedens in der Ost-Ukraine hat sie nichts bewirkt – und nichts deutet darauf hin, dass sie in der Zukunft noch etwas bewirken wird. Im Gegenteil: Die westliche Politik schwächt die gemäßigteren, eher auf Ausgleich setzenden politischen Kräfte in Russland und stärkt die nationalistischen, gegen den Westen gerichteten Tendenzen im Land. Ein ähnlicher Negativeffekt ist durch eine nachhaltige wirtschaftliche Schwächung zu erwarten. Ein destabilisiertes Russland kann zu einem unkalkulierbaren Sicherheitsrisiko für Europa werden. In der Bilanz also ist die Sanktionspolitik kontraproduktiv: Sie vertieft die Gräben zwischen Europa und Russland und kann nichts zu einer Entspannung auf dem europäischen Kontinent beitragen.

Wir sollten uns auf eine realistische Diplomatie des Gebens und Nehmens zurückbesinnen – auf eine Politik der kleinen Schritte. Was spricht dagegen, dass wir den ersten tun? Dass wir auf Russland zugehen und Bereitschaft signalisieren, aus dem Sanktionsregime auszusteigen, um so die verhärteten Fronten in dem Konflikt aufzuweichen? Eine solche Initiative in der Tradition der deutschen Ostpolitik kann zu einer Entschärfung der angespannten Sicherheitslage in Europa beitragen und die Chancen auf eine friedliche Einigung in der Ukraine-Krise erhöhen.

Auch in der anderen großen Frage, die zwischen Europa und Russland steht, müssen wir einen Modus Vivendi finden: der Frage nach der Zukunft der Krim. Gegenwärtig können sich beide Seiten nur darauf einigen, dass sie sich nicht einigen können. Mehr nicht. Wir sollten die Krim-Frage vorübergehend, vielleicht für lange Zeit, in zwei Kisten verwahren. Die Europäer beschriften die eine mit: »Wir werden die Zugehörigkeit der Krim zu Russland niemals anerkennen.« Die Russen die andere mit: »Wir geben die Krim niemals her.« Diese beiden Kisten räumen wir beiseite, um auf unserem Kurs der kleinen Schritte voranzukommen. Denn will man für die Menschen etwas erreichen, darf es zu keinem Stillstand in den Bemühungen um eine Befriedung der Ost-Ukraine kommen.

Russland wird unser Nachbar bleiben. Wir kommen in Europa nicht umhin, unsere politischen Möglichkeiten zu überdenken und den Ausgleich zu suchen: durch Dialog und Verhandlung, durch Annäherung und Verständigung, durch politische und wirtschaftliche Integration und Partizipation. Das ist ein Weg, auf dem Deutschland vorangehen sollte.

Deutsche und Russen haben eine gemeinsame geografische und eine gemeinsame kulturelle Heimat in Europa. Ihre Beziehungen – das sollten wir bedenken – sind mehr als die Summe pragmatischer Erwägungen. Sie erschöpfen sich nicht in geostrategischen Aspekten, wirtschaftlichen Interessen und politischen Rationalitäten. Unsere Völker sind verbunden durch über Jahrhunderte gewachsene Beziehungen und eine wechselvolle Geschichte in Krieg und Frieden in Europa. In diesem Europa hat Deutschland aufgrund seiner Vergangenheit und seiner geografischen Lage eine besondere Verantwortung.

»Manchmal muss man sein Herz am Anfang über die Hürde werfen«, hat Willy Brandt einmal gesagt. Ich wünsche mir und uns allen, dass heute in Europa und in Deutschland die Stimmen jener lauter werden, die die gemeinsame Geschichte mit Russland und seinen Menschen auch für eine gemeinsame Zukunft im Kopf und im Herzen haben.

Zum Schluss

Haben wir uns dreißig Jahre nach dem Ende des Ost-West-Konflikts vom Gedanken der gemeinsamen Zukunft in Europa verabschiedet?

Das grundlegend neue Kapitel der Geschichte mit dem »Ziel einer gesamteuropäischen Einigung«, das Bundespräsident Richard von Weizsäcker in seiner Ansprache zum 3. Oktober 1990 beginnen sah, scheint beendet, bevor es geschrieben wurde. Damit dürfen wir uns nicht abfinden.

Die Menschen im Osten Deutschlands und Europas haben 1989 viel gewagt und viel gewonnen – auch die Erfahrung, aus eigener Kraft etwas bewegen zu können. Diese Erfahrung und die glückliche Fügung, dass die Teilung Europas und Deutschlands friedlich zu Ende gegangen ist, empfinde ich als Auftrag für die Zukunft. Es ist mir ein Anliegen, dass uns das Bewusstsein, auf unserem Kontinent ein gemeinsames Schicksal zu teilen, nicht verloren geht. Deshalb möchte ich allen, die heute in Europa – und für mich gehört Russland immer dazu – politische und gesellschaftliche Verantwortung tragen, ins Gedächtnis rufen: Frieden und Wohlstand, die wir in weiten Teilen unseres Kontinents genießen, kommen nicht von selbst, nicht ohne unser Zutun. Ein in guter Nachbarschaft verbundenes größeres Europa darf uns nicht gleichgültig werden.

Die Europäer lassen sich tagaus, tagein von einer immer komplexer werdenden Welt, von internationalen Krisen und von ihren eigenen Problemen so sehr vereinnahmen, dass sie, so scheint es, die großen Ziele und Gestaltungsaufgaben aufgegeben haben – allen voran eine gesamteuropäische Lebens- und Friedensordnung. Doch dürfen wir die wichtigste Lehre aus unserer schmerzhaften Geschichte nicht aus den Augen verlieren: Nie wieder Krieg in Europa!

Die Idee eines gemeinsamen europäischen Hauses darf, so unüberbrückbar die Differenzen auf unserem Kontinent heute auch scheinen mögen, nicht begraben werden. Sie muss das Ziel europäischer Politik bleiben, auch und gerade in einer Zeit, in der nationale Egoismen und Alleingänge wieder Konjunktur haben. Deutschland trägt für dieses gemeinsame Haus Verantwortung. Wie die Ostpolitik des vergangenen Jahrhunderts muss unser politisches Handeln zum Wohle aller auf Annäherung und Kooperation gerichtet sein. Am Ende muss ein gesamteuropäischer Einigungsprozess, wie er 1975 in Helsinki angestoßen wurde, stehen. Alles andere führt zurück in die Gegensätze der Vergangenheit, die wir auch nach dem Ende des Kalten Krieges immer noch nicht ganz hinter uns gelassen haben.

Die Spaltung zwischen Ost und West ist nicht überwunden. Sie ist geblieben, zum Teil auch wieder deutlicher geworden, nicht nur im Verhältnis zu Russland, sondern auch innerhalb der Europäischen Union und innerhalb Deutschlands. In unserem Land und in der Europäischen Gemeinschaft sind wir um Ausgleich und Verständigung bemüht, um die Gräben nicht zu vertiefen. Das sollte auch für unsere Beziehungen zu Russland gelten. Der europäische Nachbar muss integriert, nicht isoliert werden.

Im Frühjahr 2020 jährt sich das Ende des Zweiten Weltkriegs zum fünfundsiebzigsten Mal. Wie keine andere Nation haben wir Deutsche Anlass, uns zu erinnern und die Opfer und das Leid derer zu würdigen, die die Welt von Nationalsozialismus und Faschismus befreit haben. Die Hauptlast bei der Niederschlagung Hitler-Deutschlands, die der Westen am 8., Russland am 9. Mai begeht, haben die Völker der Sowjetunion getragen – Russen, Ukrainer und Weißrussen.

In Russland wird historischen Jahrestagen eine große symbolische Bedeutung beigemessen. Die Erinnerung an das Ende des Zweiten Weltkriegs hat für die meisten russischen Menschen noch immer eine ausgesprochen emotionale Dimension.

Am 9. Mai 2019 feierte Russland den Sieg über das nationalsozialistische Deutschland mit der traditionellen Militärparade und einer Waffenschau. Die NATO startete an diesem Tag ein sechstägiges Großmanöver, das eine Attacke Russlands auf einen Bündnispartner simulierte. Für den 9. Mai 2020 wünsche ich mir, dass Deutsche und Russen das Kriegsende mehr als bisher Seite an Seite begehen und dass sie im gemeinsamen Gedenken ein Zeichen für eine friedliche Zukunft in Europa setzen.

Dank

Zwei Menschen haben mich über viele Jahre mit gutem Rat begleitet und immer wieder ermuntert, Wege der Versöhnung und friedlichen Zusammenarbeit mit Russland zu suchen – Egon Bahr († 2015) und Manfred Stolpe († 2019). Beiden bleibe ich dafür dankbar.

Ein großes Dankeschön gebührt Michael Wilhelmi, ohne ihn würde es das Buch so nicht geben.

Martin Hoffmann und Sebastian Nitzsche danke ich für viele Anregungen und für die organisatorische Unterstützung bei dem Projekt.

Kristin Rotter hatte die Idee zu dem Buch und war, immer die Zeitleiste im Blick, kundige Beraterin – die Zusammenarbeit hat Freude gemacht.

Anmerkungen

1 »›Auf der Abschiedstreppe der postkapitalistischen Alternative‹. Ein Gespräch mit Martin Sabrow über Zäsuren, Kontinuitäten und die Frage der Perspektive.« Zeitschrift für Politik und Gesellschaft, Heft 1, 2019, S. 12.

2 Wolfgang Ischinger: »Und wer sammelt die Scherben auf?« Der Hauptstadtbrief am Sonntag, 27.01.2019 (http://www.derhauptstadtbrief.de/pdfs/HSB_2019/HSB_12_MoPo_270119_screen.pdf abgerufen am 09.12.2019).

3 Andrzej Szczypiorski: »Die Zukunft Ost- und West-Europas – meine Ansichten als polnischer Schriftsteller«. Rede im Übersee-Club Hamburg, 13.01.1993 (https://www.ueberseeclub.de/resources/Server/pdf-Dateien/1990-1994/vortrag-1993-01-13Andrzej%20Szczypiorski.pdf abgerufen am 09.12.2019).

4 Ilko-Sascha Kowalczuk: »Und was hast du bis 1989 getan?«, Süddeutsche Zeitung, 23.11.2018.

5 Jan Josef Liefers: Soundtrack meiner Kindheit. Reinbek bei Hamburg 2009, S. 43.

6 Christa Wolf: Ein Tag im Jahr. 1960–2000. München 2003, S. 322.

7 Michail Gorbatschow: Die Rede: »Wir brauchen die Demokratie wie die Luft zum Atmen.« Referat vor dem ZK der KPdSU am 27. Januar 1987. Reinbek bei Hamburg 1987, S. 90.

8 Michail Gorbatschow: Erinnerungen. Berlin 1995, S. 711; vgl. auch S. 928–939: »Honecker und die Ablehnung der Perestroika«.

9 Informationsblatt ARGUS 1/89, o. S. (www.argus-potsdam.

de/aktuelles/archiv/argus-auge/?album=12&gallery=9 abgerufen am 09.12.2019).

10 »Vermerk über das Gespräch des Generalsekretärs des ZK der KP Chinas, Genossen Jiang Zemin, mit Genossen Egon Krenz am 26. September 1989 in Peking.« In: Werner Meißner (Hg.): *Die DDR und China 1945–1990: Politik – Wirtschaft – Kultur. Eine Quellensammlung.* Berlin 1995, S. 413.

11 Ivan Krastev: *Europadämmerung. Ein Essay.* Berlin 2018, S. 64 f.

12 Zit. nach: Ilko-Sascha Kowalczuk, Stefan Wolle: *Roter Stern über Deutschland.* Berlin 2001, S. 213.

13 Vgl. ebenda, S. 214 f.

14 Vgl. www.youtube.com/watch?v=TYbDkZX005A abgerufen am 09.12.2019.

15 Willy Brandt: Grußwort für den Kongress der Sozialistischen Internationale in Berlin, 15. September 1992 (www.willy-brandt-biografie.de/wp-content/uploads/2017/08/Gruss wort_Willy_Brandt_SI_1992.pdf abgerufen am 09.12.2019).

16 Vgl. Ilko-Sascha Kowalczuk, Stefan Wolle: *Roter Stern über Deutschland.* Berlin 2001, S. 221.

17 Vgl. »Wir müssen es behutsam tun.« Der Spiegel, 8/1990 (https://www.spiegel.de/spiegel/print/d-13542101.html abgerufen am 09.12.2019).

18 George F. Kennan: »The Failure in Our Success«, New York Times, 14.03.1994 (www.nytimes.com/1994/03/14/opinion/the-failure-in-our-success.html abgerufen am 09.12.2019).

19 Ilko-Sascha Kowalczuk: »Und was hast du bis 1989 getan?«, Süddeutsche Zeitung, 23.11.2018.

20 Wolf Lepenies: *Folgen einer unerhörten Begebenheit. Die Deutschen nach der Vereinigung.* Berlin 1992, S. 29.

21 Philipp Ther: *Die neue Ordnung auf dem alten Kontinent. Eine Geschichte des neoliberalen Europa.* Berlin 2014, S. 13.

22 Ebenda, S. 96.

23 Brief an Friedrich Eggers. Theodor Storm: *Sämtliche Werke.* Bd. 1. Berlin; Weimar 1986, S. 73 f.

24 Wolf Lepenies: *Folgen einer unerhörten Begebenheit. Die Deutschen nach der Vereinigung.* Berlin 1992, S. 25.

25 »Einer von uns«. Gespräch mit Ivan Krastev. Der Spiegel, 4/2018.

26 Vgl. »Wir wollen die Deutungshoheit über unsere Biografien zurück! Andreas Dresen im Gespräch mit Birk Meinhardt.« In: Andreas Leusink (Hg.): *Gundermann. Von jedem Tag will ich was haben, was ich nicht vergesse ... Briefe, Dokumente, Interviews, Erinnerungen*. Berlin 2018, S. 162.

27 »Einer von uns«. Gespräch mit Ivan Krastev. Der Spiegel, 4/2018.

28 Vgl. Philipp Ther: *Die neue Ordnung auf dem alten Kontinent. Eine Geschichte des neoliberalen Europa*. Berlin 2014, S. 104.

29 Zit. nach: Wolfgang Engler, Jana Hensel: *Wer wir sind. Die Erfahrung, ostdeutsch zu sein*. Bonn 2019, S. 279.

30 Margareta Mommsen, Angelika Nußberger: *Das System Putin. Gelenkte Demokratie und politische Justiz in Russland*. Bonn 2007, S. 9.

31 Karl Schlögel: *Die Mitte liegt ostwärts. Europa im Übergang*. München; Wien 2002, S. 143.

32 Zit. nach: Tanja Wagensohn: *Russland nach dem Ende der Sowjetunion*. Regensburg 2001, S. 25.

33 Stephen Holmes, Ivan Krastev: »Osteuropa erklären. Das Unbehagen an der Nachahmung«, Merkur. Deutsche Zeitschrift für europäisches Denken, Heft 836, Januar 2019, S. 14 f.

34 »For more than two decades, NATO has worked to build a partnership with Russia.« (www.nato.int/cps/en/natohq/topics_50090.htm abgerufen am 09.12.2019).

35 Ulrich Weisser: »Partner oder Bedrohung? Russland und die NATO«, IP – Internationale Politik, November / Dezember 2011, S. 110.

36 George F. Kennan: »A Fateful Error«, New York Times, 05.02.1997 (www.nytimes.com/1997/02/05/opinion/a-fateful-error.html abgerufen am 09.12.2019).

37 Egon Bahr: »Es wäre ein riesiger Fehler«, Die Zeit: 02.05.1997: (www.zeit.de/1997/19/Es_waere_ein_riesiger_Fehler abgerufen am 09.12.2019).

38 »NATO welcomes Ukraine's and Georgia's Euro-Atlantic

aspirations for membership in NATO. We agreed today that these countries will become members of NATO.« Bucharest Summit Declaration. Issued by the Heads of State and Government participating in the meeting of the North Atlantic Council in Bucharest on 3 April 2008 (www.nato.int/cps/en/natolive/official_texts_8443.htm abgerufen am 09.12.2019).

39 »Wir unterstützen standhaft das Recht der Ukraine, über ihre Zukunft und ihren außenpolitischen Kurs frei und ohne Einflussnahme von außen zu bestimmen. Vor dem Hintergrund der von der Ukraine erneut zum Ausdruck gebrachten Bestrebungen, Mitglied der NATO zu werden, stehen wir zu unseren auf dem Gipfeltreffen in Bukarest und auf nachfolgenden Gipfeltreffen gefassten Beschlüssen.« Und: »Wir bekräftigen unseren auf dem Gipfeltreffen 2008 in Bukarest gefassten Beschluss, dass Georgien ein Mitglied des Bündnisses wird.« Gipfelerklärung von Brüssel. Treffen des Nordatlantikrats auf Ebene der Staats- und Regierungschefs in Brüssel 11.–12. Juli 2018 (nato.diplo.de/blob/2203102/812-d1237805aca2580d9db43a8ae1003/erklaerung-der-staats-und-regierungschefs-2018-bruessel-data.pdf abgerufen am 09.12.2019).

40 Gernot Erler: *Weltordnung ohne den Westen? Europa zwischen Russland, China und Amerika.* Freiburg im Breisgau 2018, S. 204.

41 Wolfgang Ischinger: »Baumängel am ›gemeinsamen Haus‹«, IP – Internationale Politik, 3, Mai/Juni 2014, S. 19–21.

42 »Der Westen ist scheinheilig«, Der Spiegel, 15/2014.

43 Ivan Krastev: »Der Überlebende des liberalen Zeitalters«, Frankfurter Allgemeine Zeitung, 31.08.2019.

44 Vgl. Reinhold Vetter: »Euphorie und Ernüchterung. Polens Russlandpolitik vor und nach Smolensk«, Osteuropa 9/2010, S. 17.

45 Peter Brandt: »Das deutsche Bild Russlands und der Russen in der modernen Geschichte«, Iablis. Jahrbuch für europäische Prozesse. (themen.iablis.de/2002/brandt.htm abgerufen am 09.12.2019).

46 Lew Kopelew: »Fremdenbilder in Geschichte und Gegenwart.« In: Mechthild Keller (Hg.): *Russen und Russland aus deutscher Sicht. 9.–17. Jahrhundert.* München 1985, S. 17 f.

47 Ebenda, S. 33.

48 Boris Groys: *Die Erfindung Russlands.* München, Wien 1995, S. 8.

49 Manfred Hildermeier: *Geschichte Russlands. Vom Mittelalter bis zur Oktoberrevolution.* München 2013, S. 24.

50 Ebenda, S. 1315.

51 Christoph Stölzl: »Gleicher Raum, gleiche Kultur«, Cicero, 6/2015.

52 Mark Leonard: »Europas Galapagos-Moment«, IP – Internationale Politik 3, Mai / Juni 2017, S. 68–77.

53 Ivan Krastev: *Europadämmerung. Ein Essay.* Berlin 2018, S. 16.

54 Eric Hobsbawm: *Das Zeitalter der Extreme. Weltgeschichte des 20. Jahrhunderts.* München 1998, S. 17.

55 Zit. nach Peter Jahn, Florian Wieler, Daniel Ziemer (Hg.): *Der deutsche Krieg um »Lebensraum im Osten« 1939–1945.* Bonn 2017, S. 182.

56 Manfred Sapper, Volker Weichsel: »Editorial. Völkermord mit Ansage – Leerstelle der Erinnerung«, Osteuropa 8–9/2011, S. 5.

57 Ebenda.

58 Peter Jahn: »Vernichtungskrieg im Osten. Deutsche Erinnerung seit den 1980er Jahren«. In: Peter Jahn, Florian Wieler, Daniel Ziemer (Hg.): *Der deutsche Krieg um »Lebensraum im Osten« 1939–1945.* Bonn 2017, S. 169.

59 »Entschließung des Europäischen Parlaments zum 80. Jahrestag des Beginns des Zweiten Weltkriegs und zur Bedeutung des europäischen Geschichtsbewusstseins für die Zukunft Europas« (www.europarl.europa.eu/doceo/document/B-9-2019-0098_DE.html abgerufen am 09. 12. 2019).

60 »Gedenkveranstaltung im Plenarsaal des Deutschen Bundestages zum 40. Jahrestag des Endes des Zweiten Weltkrieges

in Europa« (www.bundespraesident.de/SharedDocs/Reden/
DE/Richard-von-Weizsaecker/Reden/1985/05/19850508_
Rede.html abgerufen am 09.12.2019).

61 Daniil Granin: »Werwölfe ziehen nach Osten«. Die Zeit,
26.08.1994.

62 Helmut Schmidt: »Vorwort«. In: Daniil Granin: *Mein Leutnant*. Berlin 2015.

63 Willy Brandt in einem Fernsehinterview im Dezember 1988
(https://www.willy-brandt-biografie.de/quellen/videos/
groesster-erfolg/ abgerufen am 09.12.2019).

64 Zit. nach dem Beitrag von Adelheid Bahr auf der Veranstaltung
der Schwarzkopf-Stiftung zu Egon Bahrs »Tutzinger Rede«
vom 14.03.2017 (https://schwarzkopf-stiftung.de/wordpress/
wp-content/uploads/2017/03/Rede_Prof_Adelheid_Bahr.pdf
abgerufen am 09.12.2019).

65 Willy Brandt: *Was können wir zur Wiedervereinigung Deutschlands tun?* Hamburg 1955, S. 7–8 (https://www.willy-brandt-
biografie.de/wp-content/uploads/2017/03/1955_Broschüre_
Wiedervereinigung_48141.pdf).

66 »Rede des Regierenden Bürgermeisters Willy Brandt vor der
Steuben-Schurz-Gesellschaft in Berlin, 17. Januar 1958«. S. 6
(https://www.willy-brandt-biografie.de/wp-content/uploads/
2016/01/Rede_Steuben_Schurz_1958.pdf abgerufen am
09.12.2019).

67 Ebenda, S. 7.

68 Willy Brandt: »Denk ich an Deutschland ...«. Rede des Regierenden Bürgermeisters von Berlin im Politischen Club
der Akademie Tutzing, 15. Juli 1963, S. 14 (https://www.willy-
brandt-biografie.de/wp-content/uploads/2017/08/Rede_
Tutzing_1963.pdf).

69 »Rede des Regierenden Bürgermeisters Willy Brandt vor der
Steuben-Schurz-Gesellschaft in Berlin, 17. Januar 1958«. S. 9
(https://www.willy-brandt-biografie.de/wp-content/uploads/
2016/01/Rede_Steuben_Schurz_1958.pdf).

70 Egon Bahr: *Zu meiner Zeit*. München 1996, S. 126.

71 Ebenda, S. 138.

72 Ebenda, S. 337.

73 Michael Stürmer: »Wir sollten vom Management des Kalten Krieges lernen«. Die Welt, 03.05.2019.

74 Michael Stürmer: »Wer mit Russland redet, sollte es auch verstehen«. Die Welt, 08.07.2016.

75 »Egon Bahr schockt die Schüler: ›Es kann Krieg geben‹«. Rhein-Neckar-Zeitung, 04.12.2013 (https://www.rnz.de/nachrichten/heidelberg_artikel,-Heidelberg-Egon-Bahr-schockt-die-Schueler-Es-kann-Krieg-geben-_arid,18921.html abgerufen am 09.12.2019).

76 Eberhard Sandschneider: »Deutsche Außenpolitik: eine Gestaltungsmacht in der Kontinuitätsfalle«. Aus Politik und Zeitgeschichte 10/2012, S. 8.

77 Interview der Bild am Sonntag mit Frank-Walter Steinmeier und Elke Büdenbender am 15.04.2018 (https://www.bundespraesident.de/SharedDocs/Reden/DE/Frank-Walter-Steinmeier/Interviews/2018/180415-Interview-BamS.html abgerufen am 09.12.2019).

78 Gerhard Mangott: »Kampfrhetorik und ›saubere Siege‹. Die ausgestreckte Hand Putins ist unabdingbar«. In: Russland-Analysen Nr. 235, 09.03.2012, S. 2.

79 Vgl. Alexander Rahr: »Die meisten Russen sind noch autoritärer als Putin«. In: Die Welt, 02.01.2014.

80 Vgl. Sebastian Christ: »Der Verdruss mit dem System Putin«. In: Der Tagesspiegel, 04.06.2019.

81 Theo Sommer: »Diplomatische Deals«. In: Petersburger Dialog, Oktober 2017.

82 »Einer von uns«. Gespräch mit Ivan Krastev. In: Der Spiegel, 4/2018.

83 Christoph B. Schiltz: »Die Nato gibt sich eine neue Militärstrategie«. In: Die Welt, 25.05.2019.

84 Matthias Gebauer; Peter Müller: »NATO-Russland-Rat. ›Wir brauchen diesen Dialog‹«. In: Spiegel Online, 26.05.2018 (https://www.spiegel.de/politik/ausland/nato-und-russland-wollten-streitthemen-im-rat-besprechen-a-1209679.html abgerufen am 09.12.2019).

85 Katarzyna Kubiak: »Raketenabwehr: Potentiale einer Kooperation mit Russland«. Studie der Stiftung Wissenschaft und

Politik Berlin, Juli 2017, S. 21 (https://www.swp-berlin.org/fileadmin/contents/products/studien/2017S13_kuk.pdf abgerufen am 9.12.2019).

86 Vgl. »Abrüstungsabkommen mit den USA. Merkel: ›Russland hat den INF-Vertrag verletzt‹«. In: Der Tagesspiegel, 01.02.2019.

87 Horst Teltschik: *Russisches Roulette. Vom Kalten Krieg zum Kalten Frieden.* München 2019, S. 212.

88 Heribert Prantl: »Warum Politiker wie Brandt und Bahr so fehlen«. Süddeutsche Zeitung, 10.02.2019 (https://www.sueddeutsche.de/politik/muenchen-sicherheitskonferenz-frieden-kant-1.4324145).

89 Johannes Varwick: »Zwischen Comeback und Zerrissenheit – Hat die NATO Bestand?« In: Aus Politik und Zeitgeschichte, 18–19/2019, S. 35.

90 Egon Bahr: *»Das musst du erzählen«. Erinnerungen an Willy Brandt.* Berlin 2014, S. 226.

91 Manfred Görtemaker: *Die unheilige Allianz. Die Geschichte der Entspannungspolitik 1943–1979.* München 1979, S. 193.

92 Egon Bahr: »Europas strategische Interessen. Die Aufgaben der deutschen Außen- und Sicherheitspolitik auf dem Weg zur europäischen Selbstbestimmung und globalen Verantwortung«. IP – Internationale Politik 4, April 2007, S. 87–88 (https://zeitschrift-ip.dgap.org/de/ip-die-zeitschrift/archiv/jahrgang-2007/april/europas-strategische-interessen).

93 Pressemitteilung: Geschäftsklima-Umfrage Russland 2020. Deutsch-Russische Auslandshandelskammer und Ost-Ausschuss – Osteuropaverein der Deutschen Wirtschaft, 03.12.2019 (https://russland.ahk.de/fileadmin/AHK_Russland/Newsroom/Umfragen/2019/2019-12-03_PM_Geschaeftsklimaumfrage_DE.pdf abgerufen am 9.12.2019).

94 Egon Bahr: »Am Abgrund – Beitrag zur Buchpräsentation von Wilfried Scharnagl, Moskau 21.07.2015«. In: Adelheid Bahr (Hg.): *Warum wir Frieden und Freundschaft mit Russland brauchen.* Frankfurt 2018, S. 28.